Camping für Alle!
Ein nicht ganz ernstgemeinter Ratgeber

Marc Wünderling

Impressum

Bibliografische Information der Deutschen Nationalbibliothek: Die Deutsche Nationalbibliothek verzeichnet diese Publikation in der Deutschen Nationalbibliografie; detaillierte bibliografische Daten sind im Internet über dnb.d-nb.de abrufbar.

TWENTYSIX – der Self-Publishing-Verlag
Eine Kooperation zwischen der Verlagsgruppe Random House und BoD – Books on Demand

Herstellung und Verlag:
BoD – Books on Demand, Norderstedt

© 2021 Marc Wünderling

ISBN: 978-3-7407-7091-4

Camping für Alle!

Ein nicht ganz ernstgemeinter Ratgeber

Von
Marc Wünderling

Inhalt

Vorwort

Einer typischen Camperfamilie entstamme ich nicht und doch haben mir meine Eltern bereits vermittelt, was es heißt auf engstem Raum zu überleben. Gemeint ist, dass sich meine Eltern entschlossen Ende der 90er Jahre eine Segeljacht zuzulegen. Natürlich hat das Dümpeln auf dem Meer nicht wirklich was mit Camping zu tun, aber es gibt trotzdem Parallelen gerade was das Kochen, den Abwasch und das Platzangebot betrifft. Später sattelten meine Eltern dann auf eine Motorjacht um und waren anstatt am Mittelmeer nur noch auf den deutschen Wasserstraßen unterwegs. Da es aber deutlich mehr Campingplätze als Häfen in Europa gibt, war für mich klar, dass ich nicht auf einer Nussschale herumdümpeln will, sondern ganz flexibel mir auch Regionen anschauen möchte, in denen gerade kein Schiff anlegen kann.

Nachdem sich meine wirtschaftlichen Verhältnisse soweit konsolidiert hatten waren meine Frau und ich soweit uns dem Thema Camping näher zu widmen. Wir studierten monatelang verschiedene Grundrisse und Ausstattungsvarianten, um erst einmal zu wissen, was wir überhaupt wollen und uns auch leisten könnten.

Unser erster Wohnwagen war ein schnuckeliges, etwas älteres, aber noch nicht zu altes Modell von der Marke Adria (Für den Kenner: Adria Adora 542 UP Baujahr 2004). Wir tingelten aufgrund unserer der Berufstätigkeit nur in der näheren Region so ziemlich alle Campingplätze ab, um dann in unserem 3. Jahr einen Saisonplatz einzunehmen. Immer mit von der

Partie war unser hundemarkentragender Kampfkuschler namens Larry. Öfter, wenn auch nicht immer, wurden wir von unserer Teenager-Tochter begleitet.

Durch das Herumtingeln lernten wir viel von anderen Campern, die man überall traf. Wobei man sagen muss, dass man wohl nie auslernt und immer wieder einen neuen Trick mitbekommt.

Nachdem wir uns im Laufe unserer ersten Saison mit festem Platz neu orientiert hatten, kamen wir überein, dass wir uns nun anders aufstellen mussten. Unser Luftvorzelt war zwar als Nomadencamper die richtige Entscheidung, aber als Dauer-/Saisoncamper braucht man dann doch etwas Solideres. Um nicht nur das Vorzelt auszutauschen, kauften wir uns auch einen neuen (neueren) Wohnwagen (auch wieder für den Kenner: Adria Alpina 753 HT Baujahr 2017). Mit diesem Wohnwagen sind wir bislang sehr glücklich.

Dadurch, dass wir beruflich noch voll eingespannt sind, bleibt uns immer nur das Wochenende, um unserem Lieblingshobby zu frönen. Trotzdem lernt man auf dem Campingplatz immer wieder neue Leute kennen und trifft altbekannte Mitstreiter wieder. Es gibt immer etwas zu erzählen und wir bleiben selten über ein Wochenende nüchtern. Unser Larry erlebt das alles mit einer Engelsgeduld und kennt deshalb auch schon alle unsere schmutzigen Lieder.

Die Kapitel in diesem Buch sind alle mit der einen oder anderen Spur von Humor zu verstehen. Dennoch glaube ich, dass ein Campingneuling doch mit einigen Tipps und Erfahrungen etwas anfangen kann. Ein Campingveteran wird dafür bestimmt auch so manche beschriebene Situation selber erlebt haben und darüber lachen können.

Zu den Anekdoten sei gesagt, dass sich diese tatsächlich zugetragen haben. Teilweise wurden diese von uns selber so erlebt oder uns so berichtet. Da wir seinerzeit so herzhaft darüber lachen konnten, war es mir nicht möglich diese hier vorzuenthalten.

Jetzt wünsche ich Dir (als Camper duzt man sich) viel Spaß beim Lesen und anschließendem Sammeln von eigenen Erfahrungen. Natürlich wäre ich nicht böse, wenn mir von Dir vielleicht auch ein paar besonders lustige Situationen geschrieben werden. Mit meinen Mitcampern werden wir dann gerne bei einem Bier oder Weißweinschorle lauthals lachen. Es ist nicht schlimm, wenn einem selber ein paar Slapsticks passieren. Nur schade ist, wenn man darüber später nicht lachen oder andere damit nicht zum Lachen bringen kann.

Kapitel 1 – Die Formen des Campings

Der Campingneuling

Für einen Camping-Novizen ist es manchmal nicht ganz einfach. Alle Kniffe und Tricks eines erfahrenen Campers kann man einfach nicht gleich im ersten Urlaub kennen. Schön ist es dann, wenn man sich von anderen Campern die ein oder anderen Feinheiten zeigen lässt. Es ist ein ungeschriebenes Gesetz, dass sich Camper untereinander helfen. Jedoch gibt es auch hier immer mal wieder Ausnahmen. Mal ist es der Neuling, der meint, dass er alles (besser) weiß oder es ist der Routinier, der nur noch genervt ist und seine Ruhe haben will. Dies sind jedoch eher Ausnahmen, aber in diesem Buch dankbare „Opfer", von denen sich zu erzählen lohnt.

Es beginnt meist schon bei der Auswahl des geeigneten Gefährts. Ob nun Wohnwagen oder Wohnmobil ist eine Gewissensfrage. Hier sollte auch unbedingt immer auf die Meinung der Partnerin gehört werden. Wenn es von der Frau bereits heißt, dass sie im Urlaub auch Urlaub machen will, sollte man sich darauf einstellen, dass in der Küche eher gestreikt, als gekocht wird. Es heißt zwar, dass der Mann im Campingurlaub ebenso seine Pflichten in der Küche hat, doch die Praxis zeigt deutlich, dass dies eher zur Belustigung der Camperin führt. Es ist halt doch ein Unterschied zwischen Männersauber und Frauensauber. Genauso wird die erfahrene Camperin eher mit einem Holzschaber, als mit dem

Malerspachtel versuchen das Essen in der Pfanne zu wenden. Wir werden darauf aber noch später ausführlicher eingehen.

Sollte sich die Frau aber standhaft weigern häusliche Arbeiten im Urlaub auszuführen, dann empfehlen wir eine Traumschiffreise oder das 5-Sterne-Hotel mit Vollpension. Für alle anderen aber, die unter Umständen und unter Androhung von roher Gewalt sich doch dazu entschließen können selbst mit anzupacken, steht vor dem Urlaub noch die Qual der Wahl des Gefährts (oder Gefährten...).

Das Wohnmobil

Für Wohnmobile entschließen sich eher die rastlosen Urlauber, die es tatsächlich probieren wollen, in 7 Tagen 8 Länder zu bereisen. Alternativ können es auch 12 Städte in 7 Tagen sein. Anders gesagt, im Wohnmobil ist man deutlich mobiler und flexibler als im Wohnwagen, da in der Regel (und auch außerhalb dieser) der Aufbau eines Vorzeltes entfällt. Der versierte Wohnmobilist hat eine Markise angebaut, die mit ein paar Handgriffen ausgekurbelt ist, um dann, wegen der mangelnden Absicherung mit Sturmbändern, nach dem ersten lauen Lüftchen schlaff an der Außenwand des Wohnmobils baumelt. Es ist übrigens nicht auf jedem Stellplatz, gerade in Städten erlaubt, dass man Tisch, Stühle und Grill aufbaut!

Ebenso hat man mit dem Wohnmobil nicht die lästige 100 km/h Grenze auf der Autobahn vor Augen. Schnell mal Vollgas geben und schon ist man nach 220 Kilometern an der nächsten Tankstelle, um den leeren Tank aufzufüllen. Es darf nicht vergessen werden, dass so ein Wohnmobil, so schnittig es auch aussehen mag, den Luftwiederstand eines geschlossenen Scheunentors hat. Nicht zu vergleichen ist da der Verbrauch des zuhause stehenden Kleinwagens, der selbst mit 2 Kisten Bio-Mineralwasser und einer Packung Studentenfutter nur 4,5 Liter Verbrauch hat oder nachts an der Steckdose hängt. Außerdem sei nicht unerwähnt, dass sich eine ausgeklappte/aufgestellte SAT-Schüssel während der Fahrt dauerhaft aerodynamisch nach hinten verbiegt, um dann diesen Zustand auch nach der Fahrt beibehalten kann.

Natürlich ist das Rangieren ohne Anhänger einfacher, aber nicht wenige Wohnmobilfahrer haben bereits die auf dem Fahrradträger hinten montierten Fahrräder an einer Hausecke demoliert. Auch ohne Anhänger sollte man beim Rückwärtsfahren immer Vorsicht walten lassen. Übrigens nur ein kleiner Tipp: Ein Wohnmobil ist höher als der Toyota Corolla, der zuhause in der Einfahrt steht… Vorsicht ist auch beim ersten Tanken geboten. So ein Tank im Wohnmobil hat durchaus auch ein höheres Fassungsvermögen als ein VW Lupo. Es wäre schade, wenn die Urlaubskasse nur für den Sprit bereits am Urlaubsort aufgebraucht ist.

Man möchten übrigens auch von obszönen Gesten gegenüber Wohnwagengespannen abraten, die man nach endlosen Kilometern endlich überholt hat. Es kann sein, dass man sich am Urlaubsort wieder trifft und gegebenenfalls die Parzelle schräg gegenüber zugewiesen bekommen hat.

Ist man dann endlich am Campingplatz seiner Wahl angekommen, so soll nochmal festgestellt sein, dass nicht der erste Platz vor der Schranke für den Camping-Novizen reserviert ist,

Richtig und falsch

Richtig ist, dass eine geschlossene Schranke die Zufahrt auf den Campingplatz verhindert. Falsch dagegen ist, dass ein Mercedes-Stern auf der Kühlerhaube des Zugfahrzeugs auch hier automatisch für Vorfahrt sorgt.

um sich an der Rezeption anzumelden. Auch Wohnmobilfahrer müssen sich in der Warteschlange anstellen.

Nachdem man nun eine Parzelle zugewiesen bekommen hat, so sollte man nicht auf dem Weg stehen bleiben und sich bei den Nachbarn auf ein Bier vorstellen, sondern erstmal versuchen unfallfrei sein Geschoss zu parken. Der eben noch freundliche Nachbar wird seinen Gemütszustand radikal ändern, sobald der linke Kotflügel die Abspannleine seines Vorzelts eingerissen hat. Auch sollte man bedenken, dass kein Nachbar gesteigerten Wert darauf legt, dass die Abgase in die Wohnwagenfenster hineinziehen. Also erst die Parzelle ansehen, sich einen Plan überlegen, wie das Wohnmobil stehen soll (übrigens darauf achten, dass die Türe nicht von einem Baum blockiert wird) und dann das Reisemobil platzieren. Es ist bei den meisten Modellen üblich, dass man mit den Vorderrädern auf kleine Rampen fahren muss, da der Innenraum ansonsten nicht in der Waagerechten ist.

Nun kann man die Markise auskurbeln, mit Sturmsicherungen verankern, den Teppich auslegen, die Stühle und den Tisch aufstellen, der Grill muss noch zurechtgerückt werden und dann stellt man fest, dass man noch hätte einkaufen müssen. Klar, man ist ja sportlich und hat die Fahrräder dabei. Das klappt auch gut, wenn der nächste Supermarkt 7-8 km entfernt ist und das Thermometer nur bei knapp unter 35°C steht. Wenn dann aber der Kasten Bier noch eingekauft werden soll, dann kann man nur hoffen, dass der Kiosk am Campingplatz gut ausgerüstet ist. Eine Alternative wäre das nette Auftreten beim Campingnachbarn verbunden mit dem lobpreisen seines (sei es noch so widerlichen) Bieres. Auch ein Hinterwäldler Güllehopfengebräu kann bei 3°C aus dem Kühlschrank schmecken. – Man muss es sich nur fest einreden...

Ein immer wieder beobachteter Fehler ist dann noch, wenn eine Art Zaun um die Parzelle gespannt wird. Nur bei extrem bissigen Hunden, bei denen das Herrchen oder Frauchen nur als Hundesteuerzahler fungiert, ist ein Zaun um die Parzelle angemessen. Ansonsten ist man im Urlaub auf dem Campingplatz eher zwanglos. Man sieht darüber hinweg, dass der 6-jährige Rotzlöffel von nebenan seinen Fußball immer an den gerade angeheizten Grill schießt, oder dass die Blondine von gegenüber bereits seit geschätzten 132 Jahren nicht mehr „hot" ist und trotzdem immer die Beine vermeintlich aufreizend übereinanderschlägt, sodass das Höschen, pardon: die Unterhose, zu sehen ist. Auch der Nachbar von der anderen Seite steht bereits unter der endlich sicher verankerten Markise und weiß, wie die Würstchen noch besser zu grillen sind.

Als Wohnmobilfahrer muss man sich immer im Klaren sein, dass man weniger Platz hat als von zuhause gewöhnt. (Wir gehen jetzt von der Regel aus und klammern die Sozialwohnungen in Berlin-Marzahn mal aus.) Das bringt dann auch mit sich, dass man Rücksicht aufeinander nehmen muss. Das Hub-Bett über der Fahrerkabine sollte möglichst erst heruntergelassen werden, wenn darunter keiner mehr sitzt, da andernfalls der Verbrauch an Kopfschmerztabletten sprunghaft ansteigen könnte.

Die Küche eignet sich nicht für das von zuhause gewohnte 3-Gang-Gourmetmenü, sondern allenfalls für ein gutbürgerliches Mittagessen. Meist wird jedoch nur Salat zu den draußen auf Empfehlung besser gegrillten Würstchen gereicht.

Bei der Aufteilung der Schlafplätze sollte man auch wohlüberlegt vorgehen. Es gibt Grundrisse, bei denen jeder ein Bett hat. Diese Betten sind zwar dann bauartbedingt etwas schmaler als zuhause, jedoch merkt man dies auch gleich nach dem Aufprall auf dem Boden, sollte man den Mut haben sich nachts im Schlaf umzudrehen. Auch immer wieder gerne gesehen ist das seitliche Doppelbett, bei dem die Hersteller davon ausgehen, dass für zwei durchschnittliche Mitteleuropäer eine Breite von 140 cm oben und grob geschätzten 56,5 cm im Beinbereich ausreichen.

Natürlich schläft die Frau an der Wand, da sie ja auch vernünftigerweise kurz vor Mitternacht ins Bett geht, während der Mann mit seinen neuen Campingfreunden noch bis Viertel vor drei die neue Platte von Helene Fischer hören muss, um das letzte Bier im Kühlschrank standesgemäß zu vernichten.

Es ist dann auch meist die Frau, die als erstes auf die Toilette muss und eine Reinhold-Messner-Gedächtnis-Expedition über den gut gefüllten Bierbauch des Göttergatten (nein, nein – zuhause ist der wirklich nicht so gefüllt…) absolvieren muss, um sich dann von oben in die tiefen Abgründe zwischen Bett und Fußboden abseilt.

Wohnmobilisten sind aber deutlich im Vorteil sich schnell am nächsten Morgen vom Campingplatz zu verabschieden, ohne den am Vorabend mitfeiernden Nachbarn und jetzt - wie der wohl meint - besten Freund zu erkennen. Man will auch nicht wirklich sehen, wie faltig der im Suff noch prall erscheinende Busen der – wir erwähnten es oben bereits – Blondine von gegenüber bei Tageslicht aussieht.

Der Wohnwagen (auch Caravan, Bumscontainer, Partybox oder fahrende Konservenbüchse genannt)

Gerade mit Familie macht es meistens Sinn aufgrund des größeren Platzangebotes sich einen Wohnwagen anzuschaffen. Bei vielen Grundrissen werden die Kinder im hinteren Teil des Wohnwagens in Stockbetten gestapelt. Je nach Marke sind dann bereits 3 Kinder raumsparend auf einem guten Quadratmeter versorgt. Mittlerweile gibt es auf dem Markt so viele verschiedene Grundrisse, dass man sich vorab informieren sollte, ob man mit Kindern, Hund, Geliebter oder Schwiegermutter in den Urlaub will. Bei den letzteren beiden empfehlen wir jedoch zur Vorsicht, da ein Urlaub zur Entspannung dienen sollte.

Für einen Wohnwagen sollte man sich auch dann entscheiden, wenn man vor hat auf einem Campingplatz mehrere Tage/Wochen zu bleiben. (Bitte dann vorreservieren!) Es lohnt sich nicht ein Vorzelt aufzubauen, um dieses dann laut fluchend – es wird immer bei Neulingen beim Auf- und Abbau geflucht – wieder einen Tag später abzubauen.

Wenn man seinen Urlaub mit dem Wohnwagen plant, sollte immer auch ein Vorzelt in der Planung enthalten sein. Vorzelte sind im Verhältnis der hinzugewonnenen überdachten Quadratmeter spottgünstig und schützen praktischerweise dadurch auch an regnerischen Tagen. So kann die Frau Gemahlin draußen an der frischen Luft den nächsten Winterpullover stricken, während der Mann drinnen am Fernseher die Sportschau sieht. Die Kinder werden natürlich freiwillig auf den Spielplatz verbannt, da es dort bestimmt neue Freunde zu finden gibt. Überhaupt sind die Kinder, wie in der guten alten Zeit dazu verdonnert, überwiegend auf dem Spielplatz zu sein, da das WLAN-Netz auf vielen Campingplätzen nur im Prospekt einwandfrei funktioniert. Der Nachteil ist dann allerdings, dass die neuen Freunde im Anschluss an den Urlaub unbedingt wieder besucht werden müssen, auch wenn eine Distanz von rund 450 Kilometern zwischen den Wohnorten liegt.

Die Anreise zum Campingplatz der Wahl ist jedoch grundlegend anders als man es sonst auf Urlaubsfahrten auf der Autobahn kennt. Zwar ist die Perspektive die gleiche, aber wo früher die LKWs schnell im rechten Fenster nach hinten verschwunden sind, arbeiten sie sich jetzt langsam an der linken Fahrzeugseite an einem vorbei. Klar, man darf zwar 100 km/h fahren (sofern das Gespann dies gesetzlich hergibt), aber sobald man das erste Mal den Wohnwagen im Rückspiegel tanzen sieht, reicht einem eine Geschwindigkeit von 80 km/h locker aus. Man ist ja im Urlaub...

Sobald man auf dem Campingplatz angekommen ist, spielt bei der Aufstellung des Caravans natürlich die Ausrichtung einen immens wichtigen Faktor da. Wo geht die Sonne auf? Haben wir Abendsonne? Wo ist Schatten? Und ganz wichtig: Bekomme ich SAT-Empfang? Sind diese Fragen zufriedenstellend geklärt, so freut man sich, wenn der sportliche Nachbar hilft, den Wohnwagen an die bevorzugte Stelle zu schieben, da nicht jeder Caravan so einen neumodischen Mover (Spielzeug für alte Leute) hat. Natürlich wird die Hilfe teuer mit dem mitgebrachten Bier bezahlt. Tatsächlich ist zu beobachten, dass die Caravan-Camper öfters daran denken vorab einzukaufen, als die Wohnmobilfahrer. Jedoch hält so ein Biervorrat auch nur 1-2 Tage, denn die Nachbarn – Wohnmobilfahrer – haben vergessen ihr eigenes Bier mitzubringen und laden sich somit gerne auf ein Bier ein.

So trifft es sich gut, dass man nach dem Abkoppeln ein freies Fahrzeug mit dann leerem Kofferraum hat und mit den neuen Nachbarn zum nächsten Getränkemarkt fahren kann. Übrigens kann es vorkommen, dass man gerade bei diesen Versorgungsfahrten von der Polizei angehalten wird, um eine Alkoholkontrolle zu überstehen. Es macht übrigens keinen guten Eindruck und fördert auch nicht die schnelle Abwicklung der Kontrolle, wenn die Mitfahrer den Polizisten zu einem kleinen Umtrunk auf den Campingplatz einladen.

Richtig und falsch

Richtig ist, wenn du von Zeit zu Zeit mal das Innere deines Wohnwagens putzt. Falsch dagegen wäre es, wenn du dafür einen Eimer voll Wasser auf dem Fußboden auskippst.

Sollte der Urlaub widererwarten dann doch irgendwann und zwar viel zu schnell zu Ende sein, so muss der Caravan-Neuling doch mindestens einen halben Tag zum Abbauen einkalkulieren. Es wird IMMER mehr Platz im Auto/Wohnwagen gebraucht als noch bei der Anreise. Dies liegt natürlich ausschließlich daran, dass die Ausrüstung nicht mehr so klein wie originalverpackt eingeräumt werden kann. (Wie schaffen die es in der Fabrik das Vorzelt in eine sooo kleine Tasche zu packen???) So sollte auch auf die richtige Beladung geachtet werden, sodass möglichst die zulässigen Höchstgewichte eingehalten werden. Um auf das erlaubte Gesamtgewicht zu kommen ist es übrigens nicht ratsam kurz vor der Fahrt das letzte Six-Pack Weizenbier schnell auszutrinken.

Egal ob man nun mit dem Wohnmobil oder dem Wohnwagen aus dem Urlaub zurückkommt, man ist auf jeden Fall im nächsten Urlaub kein Neuling mehr, sondern gefühlt ein alter Hase, der dem Nachbarn schon die ersten Anekdoten erzählen kann und weiß, wie man Würstchen richtig grillt.

Zelten

Ist Zelten Camping? Ja, unbedingt! Aber nur für Jüngere, Alt-Hippies und Eltern mit quengeligen Kindern, die sowieso keiner neben sich haben will. Das Zelt ist urtümlich und war wohl, neben der Höhle, eine der ersten Überdachungen, die sich die Menschheit hat einfallen lassen. Dieser Punkt trifft dann noch auf die sogenannten Ökos zu, die aber eher weniger an Campingplätzen anzutreffen sind, da dort nur selten eine Bushaltestelle zur Anreise ist. Bei den etwas älteren Jahrgängen wäre spätestens nach einer Nacht der Spaß zu Ende. „Tue dies niemals wieder!" – sagt zumindest der Rücken nach einer Nacht auf der Luftmatratze und Bodenniveau. Es ist einfach, nennen wir es mal die Erfahrung (und vielleicht auch der prallere Geldbeutel) der „Golden Ager", dass das Zelten eher für Jüngere ist. Der Komfort einer Kaltschaummatratze ist halt doch deutlich angenehmer als eine Isomatte mit Schlafsack. Klar, die Kleinen freut es, wenn Papa und Mama mit dem halb verrosteten Bully auf den Campingplatz fahren und dort eine Plane (kein Geld für ein richtiges Zelt, da doch der Bully so teuer war) aufspannen. Spielen in der Wildnis! Mit Abenteuer(-spielplatz) und Lagerfeuerromantik. Die Kleinen sehen, wie geschickt Papa die Kohle auf der Feuerstelle entfachen kann und gekonnt die Würstchen umdreht. Es darf meist viel länger aufgeblieben werden als zuhause. Sandmännchen? – Scheiß drauf! Gibt es nicht. Stattdessen wird mit den Alpha-Kevins vom Nachbarzelt bis weit in die Nacht noch herum krakeelt.

Mit Teenagern wird es dann schon kritischer. Es gibt, so hört man, durchaus noch Teenager, die mit einem Tag/Nachtzyklus ohne Internet auskommen. Wobei man einen Großteil der Teenies dann doch in den Sanitäreinrichtungen findet, nahe an der Steckdose und mit Glück noch etwas WLAN vom Campingplatz. Andere Pubertierende sind da der Natur gegenüber aufgeschlossener und singen mit den Späthippies am Lagerfeuer „Kumbaya, My Lord". Dies ist aber eher die Ausnahme.

Eine ganz eigene Spezies der Zeltbewohner sind die Partypeople. Man trifft sie nicht nur auf Campingplätzen, sondern mit Vorliebe auch auf Rockfestivals oder beim Wildcampen. Gerade auf Rockfestivals, bei denen die Körperhygiene nicht wirklich im Mittelpunkt steht, bleibt diese seltene Entwicklung des Homo Sapiens meistens unter sich. Wobei der Status des Homo Sapiens nach Anblick der

Hinterlassenschaften auf einem Festivalgeländes nicht wirklich angebracht ist. Dort wird ein Zelt zum Wegwerfartikel und selten ein zweites Mal benutzt.

Es ist aber immer häufiger zu beobachten, dass dieses Akne gefährdete Partyvolk sich auch die Zeltwiese des Campingplatzes zu eigen macht. Die entsprechenden Zelte sind meist von weitem bereits eindeutig zu klassifizieren: Tagsüber vermüllt mit zombiartigen Gestalten, die sich mehr oder weniger aufrecht zwischen Luftmatratze und Raviolidose hin und her bewegen.

Abends vermüllt mit lauter Musik und laut grölenden, in rauen Mengen biertrinkenden Halbstarken. Übrigens wird die Zeit zwischen dem letzten und dem ersten Bier auch durchaus mal für kreative Spiele genutzt, bei denen der Verlierer sich einen Alkoholvorsprung für den Abend verschaffen darf.

Interessanterweise ist auch in fast gleicher Anzahl die weibliche Form dieser Spezies vertreten, bei denen man bereits in diesem Stadium erkennen kann, dass es sich um später reizende und liebevoll alleinerziehende Mütter handelt.

Die jungen Erwachsenen gibt es jedoch auch in Form von christlich organisierten Möchtegern-Priesteranwärter-Seminaren. Diese gestalten in sogenannten Sommercamps in einer solchen Zeltstadt die Ferien von hilflosen, von Ihren ebenso frommen Eltern dazu genötigten Kinder. Das Einzige, was diese Jungrekruten begeistert ist die Abwesenheit der Eltern. Positiverweise muss man natürlich auch erwähnen, dass Schlägereien und Rockmusik eher selten stattfinden.

Wer als Normalsterblicher aber mit dem Zelt unterwegs ist, der hat auch einen Grund. Das Zelt ist recht platzsparend zu verpacken und eignet sich dabei zur Mitnahme bei Fahrrad-, Motorrad- oder Wandertouren. Es ist schnell aufgebaut und schützt vor Wind und Wetter. Inzwischen gibt es kaum noch die typischen Zelte aus den 70er Jahren, bei denen im Ausgang immer eine Stützstange im Weg stand. Mittlerweile hat sich das Iglo-Zelt durchgesetzt. Dies gibt es auch bereits in mehreren Varianten: Mit einfachem Kreuzgestänge, zum Aufblasen und ganz aktuell als Pop-up Zelt, bei dem man nur noch das Zelt auf die Wiese schmeißt und es sich praktisch von alleine aufbaut.

Für welches Zelt man sich auch immer entscheidet, es fehlt die sanitäre Ausstattung. Niemand ist wirklich so blöd und stellt eine Chemietoilette mitten ins Zelt. Für die Notdurft muss in der Wildnis halt der nächste Busch herhalten. Gut, mit

Händewaschen ist es dann nicht weit her, aber immer noch besser, als eine Pfütze oder einen Bach zu suchen und mit feuchtwarmer Unterhose anzukommen. Auf bräunliche Verfärbungen im hinteren Teil der Hose wollen wir gar nicht näher eingehen. Interessant gestaltet sich auch die Morgenhygiene, die nur schwerlich in der Wildnis durchzuführen ist. Der Mensch ist halt im 21. Jahrhundert angekommen und die Krankenkassen (zumindest einige) fordern ein Mindestmaß an Zahnpflege, damit der Bonus auch voll erlangt werden kann.

Richtig und Falsch

Niemand wird dich irgendwie böse ansprechen, wenn du die letzten Liter Wasser vor der Heimfahrt aus deinem Frischwassertank ablässt. Falsch ist aber, wenn du das Gleiche auf deiner Parzelle mit dem Fäkalientank machst...

Auf Campingplätzen ist dies natürlich wieder einfacher. Auch kommen sich die Wohnmobil- und Caravanfreunde nicht wirklich mit den Zeltbewohnern in die Quere, da der Zeltbewohner in der Regel deutlich früher mit Rückenschmerzen aufwacht und die ersten Sonnenstrahlen ausnutzt um den Tag zu beginnen. Dafür ist beim Frühstück wieder die eine oder andere Parallele zu erkennen. Oft wird als erstes Kaffee oder Tee aufgebrüht und die Brötchen geholt. – Dann allerdings war es das auch schon mit den

Gemeinsamkeiten. Während der Kaltschaummatratzeninhaber sich für die zweite Runde aufs Ohr haut, ist der Zeltbewohner naturverbunden und ist jenseits der Grenzen des Campingplatzes unterwegs.

Generell ist das Zelten eine sehr vielfältige Art seinen Urlaub, sein Wochenende oder auch nur eine Nacht unter nahezu freiem Himmel zu verbringen. Früher war es so, dass man das Gefühl besonders bei Regenwetter hatte voll dabei zu sein. Wen stören schon nasse Klamotten, wenn man am nächsten Tag den ganzen Tag wandert. Wen stört schon etwas Nässe in der Briefmappe oder im Geldbeutel. So ein 10 Euro Schein kann ja auch auf der Wäscheleine wieder getrocknet werden.

Zelten ist für Individualisten, die noch näher an der Natur sein möchten als dies mit Caravan oder Wohnmobil möglich ist. Zelte gibt es in vielen verschiedenen Größen: Kuschelig zu zweit, kuschelig aber weniger erholsam mit Kind oder Kindern, geräumig mit mehreren Abteilen für Familien mit älteren Kindern, große Zelte für Vereine und Sommercamps und – wir wollen es nicht auslassen, auch wenn es nicht wirklich zum Campen gehört – sehr große Zelte, in denen die Blasmusik spielt. Für jeden ist bestimmt das passende dabei, sofern man nicht doch eher die Kaltschaummatratze vorzieht.

Wie lange bleibe ich doch gleich...?

Sicherlich ist dem einen oder anderem Campingplatzbenutzer bereits aufgefallen, dass es nicht nur eine Zeltwiese, sondern auch verschiedene Arten von Parzellen gibt. Dies ergründet sich dadurch, dass es auch Camper gibt, die nicht nur für eine Übernachtung oder einen kleinen Urlaub vor Ort sind, sondern teilweise mehrmals im Monat, die ganze Saison oder das ganze Jahr über auf dem Campingplatz ihre Zeit verbringen. Tatsächlich wächst derzeit, trotz unsicherer Gesetzeslage auch die Zahl der Personen, die komplett auf dem Campingplatz wohnen, obwohl es sich eigentlich um ein „Freizeitgelände" handelt. Das Leben auf dem Campingplatz wird von einem bestimmten Kreis von Personen, aufgrund der günstigeren Kostensituation, einer Mietwohnung vorgezogen. So wird der nervige Nachbar von oben gegen den nervigen Camper-Gast von der Parzelle gegenüber ausgetauscht. Der Vorteil ist natürlich, dass die meisten Gäste auf dem Campingplatz öfter wechseln. Allerdings ist es nicht gänzlich geklärt, ob dies auch sein darf, da es in Deutschland so etwas wie Bauvorschriften und Brandbestimmungen usw. gibt. Wäre ja auch zu einfach. Ein fester Bewohner des Campingplatzes geht aus diesem Grund öfters ein paar kleine Umwege, um dann doch in einer Grauzone des Gesetzes sein Bleiben zu rechtfertigen. Der eine meldet seinen Hauptwohnsitz bei einem seiner Kinder an, die noch in einer urbanen Welt leben, oder der Pächter des Campingplatzes lässt auf sich den Hauptwohnsitz eintragen. Diese Regelungen werden in den verschiedenen Bundesländern und auch von Campingplatz zu Campingplatz anders gehandhabt.

Die Parzellen von diesen, dauernd auf dem Platz wohnenden Campern, sehen dann auch etwas anders aus. Die Wohnwägen, falls es nicht schon gleich Mobilheime sind, werden fast zur Gänze eingebaut unter allerhand Wänden, die man sich vorstellen kann. Inzwischen sind auch die „Vorzelte" immer mehr von festen Bauten, die zwar theoretisch abbaubar sind, defacto aber nicht abgebaut werden, abgelöst worden. Manchmal kann man nur noch anhand der Fenster erkennen, dass es sich tatsächlich noch um einen Wohnwagen handelt. Bis auf die Tatsache, dass alles etwas enger und kuscheliger ist, kann so ein Heim auch mit einer Mietwohnung mithalten an Ausstattung und Komfort. Hat man sich in der 7. Etage die Miete, ganz zu schweigen einen Garten, nicht leisten können, so ist dies auf dem Campingplatz doch eher möglich. Auch der Pächter des Platzes sich kann dann auch mal auf solche Aussteiger verlassen, wenn er selber mal unterwegs ist. In der Regel wird ein dauerhaft auf dem Campingplatz Wohnender auch mal kurz an der Rezeption helfen, kleinere Aufgaben übernehmen und nach dem Rechten schauen.

Nicht zu verwechseln ist diese Spezies dann vom sogenannten Dauercamper. Der Dauercamper wohnt nicht fest auf dem Campingplatz, hat aber seinen Wohnwagen dort das ganze Jahr über stationiert. Die Aufbauten des Vorzeltes können natürlich ähnlich sein, da auch hier ein Abbau nicht stattfindet. Anders ist allerdings, dass der Dauercamper einen anderen Hauptwohnsitz hat, an den er auch immer wieder zurückgekehrt.

Vielmals sind Dauercamper auch nur am Wochenende auf dem Platz, da unter der Woche noch die Arbeit ansteht. Rentner in Wartestellung praktisch. Dauercamper haben immer Freunde um sich und können einem Touristen die besten Ratschläge über Rasenpflege, Bierkonsum und überhaupt den neusten Tratsch geben – machen sie aber nicht.

Leider ist es oftmals zu sehen, dass Dauercamper eher unter sich bleiben und auf Kurzzeitcamper herabschauen. Warum auch immer.

Nun gibt es noch den Saisoncamper. Der Saisoncamper wäre auch gerne ein Dauercamper, hat aber den Fehler gemacht, sich einen Campingplatz auszusuchen, der im Winter schließt. Blöd gelaufen! Der Saisoncamper wird im Frühjahr seinen Wohnwagen aus dem Winterlager holen, das Vorzelt und die Parzelle wunderschön herrichten, um das Ganze im Herbst wieder abzubauen. In der Saison ist er, ähnlich wie der Dauercamper, über alles rund um den Platz informiert und könnte Auskunft geben. Macht er aber nur, wenn er Lust hat... Die Vorzelte sind noch als Zelte zu erkennen und der Wohnwagen ist nicht mit Holz von außen vertäfelt. Die Wohnwagen haben noch TÜV und sind auch fahrbereit. Ein Saisoncamper könnte, wenn er die Muße hat, auch einfach zusammenpacken und seinen Campingurlaub ein paar Wochenlang woanders verbringen. Die Saisoncamper sind auch meist Vorruheständler, die sich schon mal geistig und moralisch auf des Rentnerleben vorbereiten oder Camper, die einfach zuhause keinen Garten haben, keine Ruhe finden oder einfach nur wegwollen. Insbesondere an Wochenenden sind die Wohnwagen dann belegt.

Interessanterweise sind unter den bisher aufgeführten Campern keine Wohnmobilisten. Dies liegt an der Tatsache,

Richtig und falsch

Es ist durchaus richtig, dass man einen Gasherd mit dem Feuerzeug anzünden kann. Falsch dagegen ist jedoch, dass man mit dem Feuerzeug an der Gasflasche nachschauen sollte, ob noch genügend Brennstoff da ist.

dass man mit dem Wohnmobil eher mobil bleibt.

Dies ist die nächste Gruppe der Camper – die Nomaden. Ein Camping-Nomade ist fast das ganze Jahr mit seinem Wohnmobil unterwegs. Er ist im Sommer in den heimischen Gefilden, im Hochsommer bereist er ganz innovativ und exklusiv das Nordkap, um sich im Winter an das Mittelmeer zurück zu ziehen. Da diese Art des Campings einer gewissen zeitlichen und finanziellen Unabhängigkeit bedarf, finden sich hier fast ausschließlich Rentner wieder. Je nach Auskommen sieht man dann wahre „Landjachten" auf den Campingplätzen, die wirklich allen Schnick-Schnack mit dabeihaben. Es ist nichts Außergewöhnliches mehr, dass so eine Landjacht auch einen Tender hat. Das kann ein Motorroller sein, ein Auto auf einem Anhänger oder – ganz nobel – ein Auto, welches in der bordeigenen Garage mitgeführt wird. Diese Art von Campingnomaden ist gerne gesprächig und erzählen über ihre Reisen. Allerdings braucht man sie nicht zu sich selber in sein Vorzelt auf ein Bier einladen. Der Nomade verlässt seine Burg nicht. Niemals nicht!

Der Nomade „light" ist auch Rentner und fährt ein Wohnmobil. Jedoch ist er nur für mehrere Wochen unterwegs und wird in dieser Zeit versuchen allerhand Reiseziele in kurzer Zeit abzuhaken. Er gehört zu der Art von Campern, die höchstens mal eine Nacht auf dem Campingplatz stehen, um neues Frischwasser zu bunkern oder den Fäkalientank zu leeren. Ansonsten findet man diese Wohnmobile direkt in den Innenstädten, auf den für eine Nacht ausgewiesenen Stellplätzen. Der Nomade-Light ist im Gegensatz zum richtigen Camping-Nomaden nicht so gesprächig. Er ist mehr der Gehetzte, als der Relaxte. Schließlich müssen die Enkelkinder nächsten Dienstag wieder von der Kita abgeholt werden und vorher stehen noch Lissabon und Madrid auf dem Plan.

Ein Großteil der Camper sind aber die Urlauber oder Touristen. Diese Gruppe an Campern hat einen eigenen Caravan oder ein eigenes Wohnmobil, nutzen es aber höchstens 1-2-mal im Jahr für den Urlaub. Oft werden auch die Kinder mitgenommen, was bei der Ankunft zu gestressten Eltern am Urlaubsort führt. Der Aufbau ist dann eine Familiensache. Während der liebe Papa alles Nützliche aufbaut und aufstellt, sorgt die Frau Mama für ein schönes, dekoriertes Innere im Wohnwagen. Die kleinen Teufel sind derweil bereits auf dem Spielplatz und werden ihre guten Klamotten einsauen.

Der Tourist fährt mit schlingerndem, da überladenen Caravan über die Alpen, um sich in Norditalien auf die riesigen Campingplätze zu begeben. Insbesondere unsere Tulpenzüchtenden und Goudaherstellenden Nachbarn mögen diese Art in den Urlaub zu fahren. Leicht zu erkennen an den gelben Nummernschildern auf der linken Spur der Autobahn. Praktisch ist es natürlich, sein eigenes Bett auf so langen Fahrten dabei zu haben und direkt an der Einfahrt des Autobahnparkplatzes, noch hinter dem letzten LKW, unbeleuchtet seine Stützen herunter zu kurbeln. Es soll bereits vorgekommen sein, dass auch eine Nothaltebucht in einem Alpentunnel als Picknickplatz gedient hat.

Mit den Touristen, die eigentlich auch immer Campingnovizen bleiben, hat man dann als erfahrener Camper des Öfteren seinen Spaß. Einfach ein Bier aufmachen und zuschauen, wie die ersten Versuche des Aufbaus so funktionieren. Will man den Spaß noch etwas verlängern, so muss man das Männchen vom Weibchen trennen. Hier wird sich zeigen, ob eine Beziehung die Kommentare zur Arbeits-/Aufbauqualität des anderen standhält. Doch auch wenn dann beide Partner lieber ein Bier, respektive eine kühle Weißherbstschorle trinken, als den Aufbau fortsetzen, spaßig ist es allemal. Zum Glück bleibt es im Sommer länger hell, sodass der Aufbau auch noch später fortgesetzt werden kann. Ob jetzt das Vorzelt steht oder nicht – wichtig ist, dass der Grill funktioniert und die Getränke kühl sind. Hierbei sei nur angemerkt, dass das Auto vor dem hemmungslosen Alkoholkonsum noch ordentlich geparkt wird. Es soll nicht wenige Tourist-Camper geben, die den Aufbau des Vorzelts erst am Folgetag unter kolossalen Kopfschmerzen abschließen konnten.

Recht selten, aber doch immer wieder anzutreffen, sind sogenannte Jugendlager. In diesen Jugendlagern werden, wie der Name schon sagt, junge Leute meist bis zum 14. Lebensjahr unter Aufsicht von Erziehern oder christlichen Verbänden in Zeltstädten kaserniert. Hierbei werden dann gruselige Abenteuergeschichten erzählt und am Lagerfeuer die Marshmallows gegrillt. Ob es sich hierbei noch um Camping handelt kann nicht abschließend geklärt werden. Jedoch steht hier das Erlebnis fernab der Eltern und vor allem der Spielekonsole im Vordergrund, was wirklich nicht jeden Jugendlichen begeistern kann.

Die letzte beschriebene Art des Campings ist der „gezwungene" Camper. Ja, alle wollten zum Camping, aber er konnte sich der Gruppe nicht entziehen. Nun sitzt er da mit dem Bier in der Hand, starrt auf den Grill und weiß immer noch nicht, warum er jetzt nicht zuhause auf dem Sofa sein kann. Aber, so zeigt es sich, nur ganz vereinzelt bleibt diese Campingverachtung nach dem Abend erhalten. Eher wird sich in den folgenden Tagen erkundigt, wo es einen günstigen Wohnwagen oder ein altes Reisemobil zu kaufen gibt. Man will ja nicht immer bei den Freunden dabei und nicht wirklich unabhängig sein. Der gezwungene Camper muss aber nicht unbedingt erwachsen sein. Es gibt ihn auch als pubertierenden Teenager, der einfach mit den Eltern mitkommen muss, da das Alter für zwei Wochen sturmfrei daheim nicht ausreicht (und nie ausreichen wird). Dieser Personenkreis kann nicht zum Camping missioniert werden. Jedenfalls nicht in absehbarer Zeit. Das hat nichts mit dem Camping an und für sich zu tun, sondern eher an der abweisenden Haltung gegenüber den Eltern. Alleine aus Prinzip.

Kapitel 2 – Der Campingplatz

Die Wahl des richtigen Campingplatzes

Noch bevor der Urlaub startet, sollte man sich im Klaren sein wohin die Reise geht. Es mag zwar sein, dass es früher durchaus im Bereich des Möglichen lag, dass man einfach mal irgendwohin gefahren ist und dort auch irgendeinen Campingplatz gefunden hat. Aber das sollte der gewissenhafte Camper tunlichst vermeiden. Bei einer gewissenhaften Planung weiß man im Vorhinein bereits schon was einen erwartet und außerdem steigert dies die Chance auch eine freie Parzelle zu bekommen.

Interessanterweise soll es immer noch vorkommen, dass an der Rezeption dann nach einer 2-stündigen Wartezeit die Frage gestellt wird, ob noch ein Plätzchen frei wäre. Nun, bei einer längeren Wartezeit, gerade in Hotspots, dürfte es wohl eher nach einer Weiterfahrt mit der Schwiegermutter und den quengeligen Kindern auf dem Rücksitz aussehen. Dort hilft auch der flehende Blick oder die unter der Hand herüber geschobenen Banknoten nichts mehr. Voll ist voll.

So kommt es dann, dass man nicht auf dem schönen Platz direkt am Strand seinen Platz findet, sondern mehrere Kilometer im Landesinneren direkt neben einem Industriegebiet. Gut, dem einen oder anderen Technikverliebten mag auch das sehr interessant vorkommen, doch spätestens nach dem 4. Güterzug, der rund 4,5 Meter neben dem Vorzelt vorbei rollt, wird es auch der Gemahlin unangenehm.

Vor der Planung sollte man sich überlegen, ob es ein Strandurlaub, ein Wanderurlaub oder ein Verdammt-ich-will-einfach-nur-weg-Urlaub werden soll. Sicherlich muss man hierbei auch die Mitreisenden einbeziehen. Will die Frau am Strand brutzeln, doch der Mann lieber Wandern, so wäre z.B. ein schöner Campingplatz an einem See im Allgäu eine Möglichkeit. Sollen es aber lieber Fahrradtouren um den Platz herum werden, dann möchte man doch eher hierfür eine passende Gegend finden. Grundsätzlich ist es immer so, dass in der Urlaubszeit die Plätze mit Wasser-/Strandanbindung als erstes gebucht werden.

Richtig und falsch

Richtig ist, dass das Familiencamping sehr schön sein kann und die Familie zusammenschweißt. Falsch ist dagegen, dass die Kinder in ihren Stockbetten nur darauf gewartet haben, dass die ehelichen Pflichten lautstark vollzogen werden. – Die Nachbarn im Umkreis im Übrigen auch nicht.

Ein weiterer Faktor sind die lieben Kleinen, die auch im Urlaub bespaßt werden wollen. Hier bieten sich Plätze mit Animation an. Es ist nicht zu glauben, wie sich die Kinder über einen Hampelmann im Maskottchen-Kostüm freuen können. Aber auch hier bitte unbedingt auf das Alter der Kinder achten. Merke: 0-4 Jahre – keine Animation, eher an Mamas

Rockzipfel; 5-6 Jahre – teilweise Animation möglich, aber auch hier muss meistens Mami mit; 7-12 Jahre – perfekt für Animation; 13-17 Jahre – Animation ist voll peinlich! Eine Packung Zigaretten und ein paar Freunde Johnny (Walker), Jack (Daniels) und Jim (Beam) sind dann deutlich interessanter als der Dödel, der die Kinder zum Tanzen und Singen bringen will. Wer jetzt sagt, mein Kind macht so etwas nicht, war wahrscheinlich auf der Klosterschule.

Nun wird es dem einen oder anderen auch in zwei Wochen mal etwas langweilig, wenn man das Meer gesehen, die Wanderwege gewandert und die Radwege gefahren ist. Hier sollte bereits in der Planung überlegt werden, was man sich sonst noch an Sehenswürdigkeiten ansehen möchte. Auch in den warmen Mittelmeerländern kann es tatsächlich auch mal einen Regentag geben. An diesen Tagen will sich Mama mit einem Buch zurückziehen, während die Tochter (7 Jahre) unbedingt im Mittelpunkt stehen muss und der Älteste (16 Jahre) unter schwerem Liebeskummer leidet, da die Freundin zuhause seit neustem auch den besten Kumpel recht süß findet. Ob es dann ratsam ist, den ganzen Tag vor der Glotze mit einem Bier zu sitzen ist zumindest fraglich.

Sollte in diesem Fall alle Eventualitäten berücksichtigt sein, so darf man einen Anruf beim Campingplatz seiner Wahl nicht Ewigkeiten verschieben. Die besten Plätze und schönsten Parzellen sind durchaus auch schon mal ein Jahr (!) vorher gebucht worden. Natürlich ist es nicht immer so krass, aber es lohnt sich bestimmt rechtzeitig einen Platz zu buchen. Bitte geben Sie gleich bei der Buchung mit an, ob Sie mit nervigen Kindern oder einem aggressiven Kampfhund unterwegs sind.

Bei größeren Campingplätzen wird ohnehin eine Online-Buchung verlangt.

Jetzt kann er kommen, der Campingurlaub. Übrigens sollte man auch bedenken, dass es verschiedene Geschwindigkeits-, Gewichts- und andere behördlichen Vorgaben im Ausland gibt. In manchen Ländern braucht zum Beispiel auch der Wohnwagen eine eigene Vignette.

Spaßig ist es dann immer für Außenstehende zu sehen, wie ein großes Wohnmobil oder ein Caravangespann an der ersten Mautstation steht und versucht ein Ticker (die sogenannte Arschkarte) zu ziehen. Wer das ganze Jahr über nur mit dem PKW unterwegs ist, der wird schnell feststellen, warum die Mautstationen wie kleine Bunker mit Beton ringsherum verbaut sind. So mancher Camper hat sich dort schon Schrammen geholt.

Ist man dann endlich auf einem schönen Campingplatz in der Toskana angekommen, wäre es angenehmer, wenn man nicht gleich jedem Umherstehenden beweisen muss, dass man aus dem Ruhrpott kommt. Lautes Grölen, Sandalen mit weißen Tennissocken und ein schmutziges Feinrippunterhemd zeigen sofort die Nationalität an. Auch die nette Dame an der Rezeption wird am übelriechenden Körpergeruch feststellen, dass man bereits mehrere Stunden auf engstem Raum im Auto verbracht hat. Sie wird trotzdem versuchen sehr nett zu sein und wenn man Glück hat, spricht sie auch deutsch. Kein bayrisch, kein sächsisch und auch berlinern wird sie nicht, aber sie wird sich Mühe geben dem Gast freundlich weiter zu helfen. Bitte seien sie auch zu ihr dann freundlich. Sie wird nicht nur einen Neuankömmling am Tag vor sich haben, der sich selber als den Mittelpunkt der Weltgeschichte sieht.

Auf manchen Plätzen wird man dann an den Platz begleitet oder man bekommt einen Plan in die Hand gedrückt. Spätestens jetzt sollte man merken, dass man sich auf diesem Campingplatz keine eigene Parzelle mal schnell sichern kann. Die großen Campingplätze sind durchorganisiert und planen sehr genau. Wenn man spezielle Wünsche hat, so sollte man diese bei der Buchung äußern und spätestens an der Rezeption. Es wäre schade, wenn der Urlaub gleich mit Ärger beginnt.

Richtig und falsch

Richtig ist, dass der Camper in der Regel gerne Bier trinkt. Eine falsche Vermutung aber ist, dass es sich dabei um alkoholfreies Bier handeln muss.

Auf dem Plan an der Rezeption, den man meistens auch mitbekommt, sind dann auch die Gemeinschaftsgebäude wie sanitäre Anlagen, der Kiosk, der Supermarkt oder auch das platzeigene Restaurant vermerkt. Es empfiehlt sich aber gleich am ersten Tag, nachdem alles aufgebaut ist, einen Erkundungsgang über den Platz zu machen. Schnell sieht man dann, wo man die 17-jährige Tochter nicht alleine hinlässt und wo die Fans des geliebten Fußballvereins abends feiern. Merke: Ein kühles Bier wird oft schon bei freundlichem Zuwinken und dem Singen der Vereinshymne bereitwillig gereicht. Sollten es jedoch die Fans des Intimfeindes sein, so ist mit fliegenden Bierdosen zu rechnen.

Die Rezeption

Die Schaltzentrale auf jedem Campingplatz ist die Rezeption. Bei Fragen, Anregungen oder auch Kritik ist die Rezeption die erste Anlaufstelle. Leider ist sie meistens, wenn man sie am dringendsten braucht, in der Mittagspause geschlossen oder außerhalb der Pause überlaufen.

An der Rezeption wird man gleich bei der Ankunft freundlich empfangen und darf seine Reservierung vorlegen, um auch weiterhin freundlich bedient zu werden. Andernfalls wird es zumeist in der Hauptsaison ein kurzes Gespräch. Nachdem man seine persönlichen Daten, die bereits bei der Buchung angegeben wurden, abermals auf ein Formular schreibt, bekommt man eine ausgiebig kurze Einweisung(?) für den Campingplatz. In schnellen, auswendig gelernten Worten wird einem der Weg zur Parzelle, die wichtigsten Ruheregeln und die Höhe der Kaution (bei einem Schlüssel für Schranke, Tor oder Waschraum) genannt. Ansonsten wird man innerhalb kürzester Zeit abgefertigt, da andere Camper auch noch einchecken wollen.

Die Zeit des Wartens, bis man dann endlich an der Reihe ist erscheint wie das Warten auf das Christkind an Heilig Abend. Schlimmer ist es nur für die Schwiegermutter und den Hund, die beide im Auto gewartet haben.

Merke: Wenn du zurück kommst wird dich nur der Hund freundlich begrüßen… Da die Camperin lieber ihren Mann das „Organisatorische" und das mit dem Geld machen lässt, werden die lieben Kleinen alles anfassen und erforschen, was in einem Umkreis von 5 Metern ist. Somit sind dann auch die Namen der beiden Kinder („Lass das Justin-Anakin", „hör auf damit Jackeline") allen anderen wartenden Campern bekannt. In der Regel wird man immer noch mal kurz zurückkommen, um nach dem Passwort für den WLAN-Zugang fragen.

Eine wichtige Frage ist auch nach dem nächsten Geldautomaten. Diese Antwort wird den Erst-Camper sicherlich erstaunen, aber eine Rezeptionistin wird ihnen mitteilen, dass der Automat direkt auf der Campinganlage ist. Das schöne Geld soll doch vor Ort ausgegeben werden. Ein Weg in die Stadt wäre da doch riskant, da man dort vielleicht günstigere Angebote für eine neue Luftmatratze oder eine Taucherausrüstung findet.

Nachdem man zwei Wochen zuvor eingecheckt hatte, wird der Tag der Wahrheit kommen. Der Check-out steht an. Leider. Nun sind im grundsätzlich zwei Gruppen von Campern zu erkennen. Der Profi, der bis auf den letzten Drücker vor Ort bleibt und nur schnell nach Hause fährt, um bald wieder zu kommen und der Neuling, der bereits einen Tag vorher nach Hause will, da doch dann die Autobahnen leerer sind. (Bullshit!) Beide haben aber das gleiche Problem. Der Urlaub will bezahlt werden. Der Clevere hat bereits vorab mit der Buchung seinen Aufenthalt bezahlt, während der weniger Clevere noch hoffen muss, dass die Urlaubskasse nicht ganz ausgeräumt ist. Die Zeiten von Eurocheques sind vorbei. Jetzt muss meistens eine Plastikkarte herhalten, die allerdings ein gewisses Limit hat, welches eventuell bei den Restaurantbesuchen in den letzten Tagen etwas gelitten hatte.

Einfach nach etwas zum Spülen fragen oder die Kinder schnell mal ein paar Zeitungen austragen lassen ist eine eher wenig erfolgversprechende Möglichkeit seine Liquidität aufzubessern. Gut hat es dann derjenige, der noch etwas Guthaben auf seiner Handykarte hat und zuhause kurzfristig betteln kann. Im allerschlimmsten Fall kann sich der Campingplatzbesitzer sicher sein, dass die Polizei weiß, was in solchen Fällen zu tun ist.

Hat man nun alle Fallstricke des Check-out überstanden hat man nun Gewissheit. Der Urlaub ist vorbei und der nächste ist noch in weiter Ferne. Ein Taschentuch wäre jetzt angebracht…

Die Schranke

Die Schranke ist des Campers Freund und Feind. Sorgt sie zwar für Sicherheit am Platz, nervt sie doch bei jeder Ein- und Ausfahrt.

Gerade fällt einem um kurz vor 12 Uhr ein, dass man noch schnell auf den Tagesausflug will, muss man darauf achten, dass man noch vor der Mittagsruhe durchkommt. Man sollte trotzdem nicht mit 90 km/h am Kinderspielplatz vorbeischießen, um dann doch nur kurz nach Punkt 12 Uhr an der Schranke zu sein. Pech gehabt. Man ist gefangen. Andersherum ist es da entspannter. Wenn man es von außerhalb nicht rechtzeitig geschafft hat, so stellt man sein Auto in die Warteschlange und schlendert zu seiner Parzelle. Man wird schon vom Hupen der anderen Anreisenden in der Warteschlange informiert werden, wenn es endlich weitergeht und die Mittagspause zu Ende ist. Wieso sollte man das auch so eng sehen? Es ist doch Urlaub.

Ähnlich wie an den Mautstationen auf den Autobahnen hat die Schranke einen gravierenden Nachteil für die Camper: Sie ist immer zu weit vom Fenster an der Fahrerseite weg. Unzählige Camper haben schon erfolglos versucht ohne Schramme an der Schranke vorbei zu kommen. Die Kampfspuren sind mitunter noch Jahre später für jeden anderen Besucher sichtbar. Ganz besondere Aufmerksamkeit erhält man von anderen Passanten und Wartenden, die live miterleben könne, wie man die Schranke touchiert. Bei vorwiegend älteren

Reisenden kommt es aber auch vor, dass noch kurz hinter der Schranke mal angehalten werden muss. Die Gründe sind einem Normalsterblichen nicht erschlossen. So kann es jedenfalls vorkommen, dass sich die Schranke zu früh, ganz besonders zwischen Auto und Wohnwagen schließt. Haben die älteren Herrschaften dann das Hörgerät nicht an, so werden auch die Rufe der Rezeption nicht vernommen und zusätzlich zu den Urlaubskosten für die Parzelle kommen auch noch die Kosten einer neuen Schranke hinzu.

In Ländern, in denen die Lohnkosten nicht exorbital teuer sind, gibt es auch noch Schrankenwärter. Sicherlich ein Traumjob, bei dem man nur einen Knopf für „auf" und einen für „zu" drücken muss.

Richtig und falsch

Auf Campingplätzen gilt in der Regel Schrittgeschwindigkeit fahren. Falsch ist aber, dass man als Maßstab für die Schrittgeschwindigkeit einen 100-Meter Olympioniken als Reverenz herannimmt.

Derweil ließ sich aber vernehmen, dass der Nachwuchs in dieser Branche etwas ins Stocken geraten ist. Könnte mit der doch sehr verantwortungsvollen und abwechslungsreichen Aufgabe zusammenhängen...

In den meisten Fällen bekommt man aber einen Chip/Schlüssel an der Rezeption und darf selber hindurch fahren. Da aber, wie oben beschrieben, das Manöver nicht für jeden einfach ist, kommt es vor Schranken auch gelegentlich zu Wartezeiten. Hier zeichnen sich vor allem die weiblichen Camperinnen aus, die ähnlich wie in Parkhäusern, zu weit von der Schrankensteuerung weg stehen. Wenn der Arm zu kurz ist geht aber meistens die Tür trotzdem nicht auf, weil das Auto zu nahe dran steht. Blöderweise ist auch immer ein Kanaldeckel genau unterhalb montiert, aus dem sicherlich einmal pro Woche die ganzen verlorenen Chips/Schlüssel geborgen werden.

Bei den neusten und innovativsten Schranken funktioniert das Öffnen durch das Erkennen des Kennzeichens durch eine Kamera. Hierdurch hat man sofort die Gewissheit schnell zu erfahren, ob einem das Kennzeichen in der Stadt gestohlen wurde. Blöd dagegen ist es, wenn man an der Rezeption die Kennzeichennummer vom Wohnwagen und nicht von der Zugmaschine angegeben hat. In diesem Fall kann man dann froh sein, dass die anderen Wartenden hinter einem nicht gleich über Lynchmord nachdenken...

Die Parzelle

Ganz, ganz wichtig: Die Parzelle wird zugewiesen! Zwar kann man seine Wünsche äußern, am besten bereits im Vorfeld bei der Buchung, aber ansonsten bekommt man eine Parzelle zugewiesen. Die Rezeption hat einen besseren Überblick über die Camper, welche schon da sind oder noch kommen werden. So können passende Urlauber eher in einer Ecke des Platzes zusammengefasst werden. Es wäre nicht angebracht, wenn ein älteres Ehepaar mit Hund umringt von einer Gruppe von Abi-Abschlussfeiernden ist. Oder der nach Erholung strebende Bauarbeiter neben einer Gruppe Jungeltern platziert wird.

Jeder Camper hat seine Bedürfnisse. Und auch wenn die Mehrheit einfach nur faulenzen, Bier trinken und Würstchen grillen will, so gibt es auch diejenigen, auf die etwas Rücksicht genommen werden sollte. Es ist bestimmt beeindruckend, wenn die neue Musikanlage auch bei den lautesten Rockmusiktönen noch einen klaren Klang abgibt, aber die Camper auf der Parzelle gegenüber lieber Radio LaPaloma hören wollen. Genauso ist Blasmusik oder Klassik nicht überall die Krönung der Glückseligkeit.

Bei der Zuweisung einer Parzelle muss aber auch immer berücksichtigt werden, wieviel Platz benötigt wird. Ein Bully mit Tisch und zwei Campingstühlen benötigt wohl eher keine 120-Quadratmeter-Parzelle und umgedreht wird sich ein Caravan mit 10 Meter Länge unmöglich auf 80 Quadratmetern 2 Wochen lang aufhalten wollen.

Auch der Untergrund will beachtet sein. Einen Zelthering wird man sicherlich mit Erfolg in den Rasen oder in die Wiese bekommen. Bei Steinboden oder Sand kann die Haftung aber schon zu einer Herausforderung werden. Ist die Parzelle gerade oder muss man den Wohnwagen/Wohnmobil unterfüttern, damit man nachts nicht dichtgedrängt an einer Wand schlafen muss? Der versierte Camper ist für solche Probleme immer vorbereitet.

Der erfahrene Camper weiß auch, dass nicht nur zwei, sondern dreidimensional gedacht werden muss. Stichwort: Bäume. Will man Schatten haben oder lieber Sonne? Hat die SAT-Anlage unter Bäumen noch Empfang? Einige Campingplätze sind in Waldgebieten und bieten somit im Hochsommer eine angenehme Kühle an. Es ist aber schwer dort einen guten SAT-Empfang zu bekommen und bei Regenwetter wird das ganze Dach mit den „Früchten" der Bäume übersät. Solange es nur Blätter und kleine Zweige sind sollte dies kein Problem darstellen. Bei Blütenstaub, Blattläusen oder ganzen Ästen, die sich bei einem Unwetter lösen könnten, sieht es dann aber schon wieder ganz anders aus. Esoterikfreunde werden auch nicht unter einer Hochspannungsleitung campieren wollen. Wenn man vom Pächter aber einen Platz direkt an den Mülltonnen oder den Toiletten zugewiesen bekommt, lohnt sich ein leichter Protest.

Direkt an den Mülltonnen wird es nicht nur Lärm und Gestank, sondern auch eine erhöhte Anzahl an Schmeißfliegen geben.

Richtig und falsch

Richtig ist, dass manche Hunde den eigenen Wohnwagen bewachen. Falsch ist aber, dass man mit einem Würstchen in der Hand jeden Hund um den kleinen Finger wickeln kann. (Versuch macht klug!)

Natürlich ist so ein Fitnessprogramm durch Fliegenvertreiben für die Strandfigur kein Fehler, aber auf Dauer doch recht nervig. Dass der Platz an den Toiletten nur für Frauen mit

Konfirmandenblasen vorteilhaft ist, versteht sich von selbst. Wobei nach starkem Alkoholgenuss ein kurzer, beleuchteter, breiter Weg auf die Toilette mit möglichst weicher Abgrenzung auch ein Argument ist.

Die sanitären Einrichtungen

Jeder Campingplatz hat inzwischen ein gemeinschaftliches Gebäude (je nach Größe des Platzes auch mehrere) für die körperliche Hygiene. Die Qualität dieser Einrichtungen ist stark schwankend. So kann es sein, dass man an der Toilettentrennwand auch mal noch Sprüche aus den 70er Jahren lesen kann und ein „Gloryhole" gebohrt wurde. In der Mehrheit haben aber die Campingplätze in den letzten Jahren deutlich aufgerüstet. Dort sind mitunter Fliesen verbaut, die man sich zuhause bei der eigenen Badsanierung hat nicht leisten können. Auch Musik ist schon immer öfters im Hintergrund zu hören. Die Sauberkeit liegt jedoch meistens im Empfinden des Platzwartes. Sieht man schon beim Check-In, dass der Pächter Colaflaschenböden als Brillengläser nutzt, braucht man keine hohen Erwartungen an die Sauberkeit stellen. Doch es hat sich durchgesetzt, dass mitunter auch spezielle Reinigungsfirmen oder -fachkräfte mehrmals täglich eine Reinigung durchführen.

Womit man aber trotzdem rechnen muss ist die Vielzahl an Toiletten, die nur durch Trennwände, die oben und unten offen sind, voneinander getrennt sind. Es kommt also mit Sicherheit vor, dass man die Analflöte des Nachbarn deutlich akustisch und aromatisch wahrnehmen kann. Auch sind mitunter harte Kämpfe – Mann gegen Darm – vernehmbar, bei denen man aber trotzdem keine Anfeuerungsrufe ausstoßen sollte.

Wichtig ist übrigens immer, sich vor dem Beginn des „großen Geschäfts" abzusichern, dass genügend Klopapier in der Kabine vorhanden ist. Man hörte auch schon von bösen Personen, die das Klopapier einsammeln und dann an den Bedürftigen für teures Geld unter der Trennwand durchreichen. Meistens braucht man auch deutlich mehr Papier als zuhause, da das Papier in der Regel dünner und weniger weich ist. Also Vorsicht vor den Folgen eines Pavian-Hinterns.

Die Toilette sollte man aber auch immer wieder so sauber verlassen, wie man es daheim auch gerne hätte und nicht so, wie man sie vorgefunden hat. Die Klobürste funktioniert ebenfalls wie auf der heimischen Toilette und kann meist auch gefahrlos benutzt werden. Allerdings muss man auf den Raumduftspender verzichten und den Gestank tapfer ertragen.

Es gilt auch auf dem Campingplatz, dass man sich nach dem Toilettengang die Hände waschen sollte. Die dafür zur Verfügung gestellten Waschbecken werden aber leider viel zu häufig zweckentfremdet und von Campern zur Morgenhygiene benutzt. Das heißt, wenn ein Zeltbewohner mit Schaum vor dem Mund vor einem steht bedeutet das nicht, dass er über Nacht Tollwut bekommen hat, sondern wahrscheinlich sich nur die Zähne putzt. Eine Rasur ist übrigens im Urlaub völlig übertrieben. Man ist ja auf dem Campingplatz in der Natur und so…

Ein Schwachpunkt stellt dann aber meistens die Duschen dar. Inzwischen haben sich zwar Einzelkabinen gegenüber der Sammeldusche durchgesetzt, aber die Dimensionen sind dann doch eher für Menschen unter 1,80 und einem BMI von unter 20 konzipiert. Der gängige Aufbau einer Dusche ist so, dass im vorderen Bereich eine kleine, viel zu kleine Sitzbank montiert ist und nach einer kleinen, noch viel kleineren Abtrennung die Duschbrause in einer Höhe von 2 Metern montiert ist.

Nachdem man sich dann seiner Klamotten entledigt hat und nackig bereit zum Duschen ist, stellt man fest, dass ausgerechnet auf diesem Campingplatz Duschmünzen an der Rezeption vorab gekauft werden müssen. – Viel Spaß! Modernere Plätze haben jedoch schon einen kleinen Knopf unter der Mischbatterie, auf den man drücken muss, damit dann gefühlte 10 Sekunden kaltes Wasser kommt. Die Mischbatterie hat oftmals nur symbolischen Charakter und keinerlei technische Auswirkung auf die Temperatur des Duschwassers.

Nachdem Duschen wird man feststellen, dass alle Klamotten, die man vorsichtig auf die Bank gelegt hat, trotzdem nass geworden sind.

Durch die eigene Körpergröße von knapp 2 Metern hat sich das Duschwasser aus der Brause den direkten Weg über die, wie oben beschrieben, viel zu kleine Abtrennung gesucht und alle Klamotten durchnässt. Da das Handtuch von der viel zu kleinen Bank (siehe oben) auf den nassen Boden gefallen ist, braucht man auch nicht daran denken sich abzutrocknen. Man ist halt auf dem Campingplatz und nicht zuhause.

Gut, dass man nicht noch vergessen hatte die Tür der Duschkabine zu verriegeln, da irgendwelche 10-jährigen Scherzbolde mit einem 10 Cent Stück an allen besetzten Duschkabinen die Verriegelungen wieder lösen.

Da überwiegend im Sommer gecampt wird, sollte man auf das Haare trocknen verzichten. Gerade im Ausland sind die elektrischen Leitungen nicht immer zu empfehlen und ein Föhn kommt dort ziemlich schnell an seine technischen Grenzen. Für

Außenstehende ist es bestimmt witzig, wenn so ein kleiner Föhn Funken schlägt, aber der Eigentümer des Föhns wird sicherlich andere Prioritäten setzen.

Abschließend soll zu diesem Thema noch angemerkt sein, dass sich ein Campingplatz in der Natur befindet und die Sanitärräume ständig belüftet werden müssen. Dies hat zur Folge, dass allerlei Mücken, Spinnen und anderes Getier sich einnisten. Bösartig wird es nur, wenn sich Tauben ein Nest bauen oder ein Fuchs sich im Gerümpel in der hintersten Ecke seinen Bau über den Winter eingerichtet hat. Aber die alten, heruntergekommenen Campingplätze, an denen seit Ende des Weltkriegs nichts mehr renoviert wurde, sterben langsam aus. Der Camper von heute erwartet einfach ein gewisses Maß an Komfort. Auf manchen Campingplätzen gibt es auch aus diesem Grund schon Privatbäder, die man sich für die Zeit seines Urlaubs auf dem Campingplatz dazu mieten kann.

Kiosk oder auch Supermarkt am Platz

Vorneweg sei gesagt, dass der Pächter eines Campingplatzes nicht selber im Urlaub ist, sondern mit seiner Arbeit Geld zum Leben verdient. Ein kleiner Campingplatz wird keinen Supermarkt unterhalten können und somit muss man dann mit einem kleinen Kiosk vorliebnehmen. Natürlich sind die Preise höher als im Discounter Daheim, aber dafür hat man einen Notversorgung vor Ort.

Die wichtigsten Artikel in einem Campingplatz-Kiosk sind Bier, Bier, Bier, Ravioli und Nutella. Klar, die Betreiber gehen auch mit der Zeit und haben inzwischen auch Produkte wie Zahnpasta, Sonnencreme oder Grillkohle im Angebot. Ein Vollsortiment wird es aber nicht geben. Für die Kleinsten ist natürlich immer eine Ecke mit Süßigkeiten reserviert und da Camping meist im Sommer stattfindet gibt es auch eine gut sortierte Eis-Truhe.

Da die Räumlichkeiten doch recht beengt sind, kann es auch vorkommen, dass es anderen Campern nicht schnell genug geht. Der Veganer, der natürlich völlig davon überzeugt ist, dass nur sein Lebensstil der Richtige ist, kann dann doch mal angepflaumt werden, dass er seine Dinkelkekse woanders suchen soll. Und wenn er Hunger hätte, dann könne man ihm immer noch einen Strick um den Hals binden und auf die Zeltwiese zum Grasen schicken.

Richtig und falsch

Richtig ist, dass Geschicklichkeit einem Camper oftmals weiterbringt. Falsch ist aber, dass der Reifen eines Caravans oder Wohnmobils zu Übungszwecken eine Dartscheibe darstellen kann.

Genauso verpönt ist aber auch der Ruhrpottler, der nur sein Hausmarkenbier trinkt und sich dann lauthals beschwert, dass sein original Güllebräu an der Costa Blanca nicht erhältlich ist. Camping bedeutet auch Kompromisse zu schließen und innovative Lösungen zu finden. Es gibt die Dose Ravioli zwar zu kaufen, nicht aber einen Dosenöffner. Die Grillkohle ist zwar dutzendweise vorhanden, nicht aber ein Feuerzeug. Auch Fliegenklatschen sind meist zum Verkauf angepriesen, nicht aber die Fliegen. (ähm...?)

Die Kioskbetreiber haben jahrelange Erfahrung und wissen, was des Campers Wohlbefinden steigert. Anders als im Discounter zuhause sind auch Nischenprodukte wie Gasflaschen, Luftmatratzen und Postkarten dauerhaft verfügbar. Eine Brötchentheke oder die Möglichkeit frische Brötchen für den nächsten Tag zu bestellen ist nahezu Standard und würde auch sonst stark vermisst werden. Hierbei muss man aber auf regionale Unterschiede achten. Bekommt man in Deutschland noch eine große Auswahl an Brötchen, so sieht es im Nachbarland Frankreich gleich anders aus. Eine durchschnittliche Backwarenabteilung führt dort Baguettes, Croissants, ... - ne, das war es schon. In Italien kennt man gute Brötchen nur, wenn diese auch aus Deutschland täglich importiert werden und in Spanien... Naja, Bier ist ja auch irgendwie wie Brot – nur flüssiger.

Größere Campingplätze unterhalten dann doch schon vollwertige Supermärkte, in denen auch Personal arbeitet, welches für nichts anderes als den Supermarkt zuständig ist. Hier sind dann nur kleine Unterschiede zu den heimischen Gepflogenheiten zu erkennen. Der deutlichste Unterschied ist wohl an der Kundschaft festzustellen. Im Campingplatz-Supermarkt ist es nichts Besonderes, wenn Papas Bierbauch unverhüllt den Gang an zur Getränkeabteilung versperrt oder wenn der Bikini der reifen Mittsiebzigerin dann doch in Höhe der Kniescheibe hängt.

Während im heimischen Supermarkt alles sauber, aufgeräumt und wohlriechend ist, so kann es vorkommen, dass es auf dem Campingplatz im Supermarkt mehr nach Pommes mit Sonnencreme riecht. Der Camper ist sich dessen aber bewusst und es stört ihn auch nicht sonderlich. Wenn doch, wird sich das spätestens im 2. Campingurlaub ändern.

Die Betreiber größerer Campingplätze sind inzwischen auch stets bemüht den Camper auf dem Platz zu halten und bieten nicht nur einen Supermarkt an, sondern auch Souvenirläden, Frisöre, Obststände, Restaurants und Cafés. Schließlich ist mit allem Geld zu verdienen und im Winter ist nichts los. Eine immer mehr beachtete Gruppe der Camper sind die frühreifen, gerade so entpickelten Halbstarken, die sich nun mit Ihrem Azubigehalt den ersten Urlaub mit Freund oder Freundin leisten. Für diese Zielgruppe bedarf es eines etwas anderen Unterhaltungsprogrammes mit Disco, Amüsiermeile, Rummel und Moped-Verleih. Gerne wird diese Gruppe aber bereits bei der Anmeldung in eine etwas abgelegene Ecke des Platzes einquartiert.

Der Swimming-Pool

Inzwischen hat sich fast auf jedem Campingplatz ein Pool breit gemacht. Es gibt sie in den verschiedensten Formen. Ob nun als Badesee mit Sand- und Geröllstrand, Naturschwimmbad mit Algenbewuchs und Fröschen, bis zum hochmodernen Wasserspraypark. Obwohl ein Swimming-Pool nicht ganz günstig für den Betreiber ist, so rechnet es sich unter dem

Strich doch. Welches Kind möchte nicht im Urlaub gerne zum Baden gehen? Welcher Wanderer oder Radfahrer freut sich nach einer langen Tagestour nicht auch auf das Bad im kühlen Nass? Und welcher Reisende will nicht auch nach einer langen Fahrt noch am Abend ein paar Runden schwimmen?

Praktisch ist es natürlich, wenn der Platz an einen Baggersee grenzt, der halt sowieso schon da ist. Vielleicht noch ein bisschen das Ufer befestigen und schon ist die Badestelle fertig. Nur, wenn sich in heißen Sommern die Blaualgen breit machen, dann ist es wohl rum mit dem Baden, aber ansonsten hat man keine Aufwendungen als Betreiber. Es kann zwar vorkommen, dass so ein kleines Kind in den Schwimmerbereich abrutscht, die „Familie" eine dicke Teppichrolle entsorgen muss oder ganz profan ein Kleinflugzeug in den See abstürzt. Etwas ist immer und natürlicher Schwund gehört dazu. Übermotivierte Anwohner haben natürlich die Chance eine Rettungsschwimmerbasis zu organisieren, jedoch sollte das den Betreiber nicht in irgendwelche Unkosten stürzen.

Bei einem Naturschwimmbad ist es dann schon etwas schwieriger. Es müssen zwar keine Chemikalien wie z.B. Chlor im Schwimmbad verteilt werden, aber trotzdem empfiehlt es sich über den Winter das Wasser abzulassen und das Becken zu reinigen. Es ist zwar schön, wenn die Natur im gleichen Gewässer gedeihen kann, aber es muss auch noch zum Schwimmen geeignet sein. Wer sich hier bei der Planung bereits richtig Mühe gibt, der hat später bestimmt ein gut durchdachtes Konzept für sein Schwimmbad, bei dem ein Lurch einen anderen Lurch unter Wasser grüßen kann. Billig ist der Spaß natürlich nicht. Eine Grube muss her, ein Biofilter will installiert sein, die Wasserversorgung muss stehen und bevor die ganzen Arbeiten beginnen, müssen auch noch die entsprechenden Genehmigungen vorgewiesen werden.

Richtig und falsch

Wenn du deinem Nachbarn zur Erfrischung ein Bier anbietest, bist du sicherlich gerne gesehen. Falsch dagegen wäre es, wenn du ein warmes Bier mit dem Ablaufdatum von vor zwei Jahren oder mehr anbietest.

Hier ist dann der Weg zu einem richtigen Swimming-Pool auch nicht mehr weit. Ein Swimming-Pool bedarf aber geschulten Personals, welche regelmäßig die Wasserqualität überprüft. Das Wasser muss immer klar sein und Verunreinigungen, wie Blätter, tote Tiere oder menschliche Hinterlassenschaften, müssen stets entfernt werden. Dafür hat ein Swimming-Pool aber auch die größte Anziehungskraft für Touristen. Ein blaues Becken macht sich halt gut im Prospekt und auf der Webseite. Noch ein Foto aus der Froschperspektive und der Pool sieht gleich 3x größer aus.

Um noch einen Schritt weiter zu gehen braucht man ein Dach. Jetzt kann man das Ganze auch als Hallenbad vermarkten. Somit werden die Gäste nicht nur im Sommer bespaßt, sondern auch im Winter sieht man Gestalten mit

Badeschlappen und Handtuch um den Ranzen über den Platz wackeln. Ohne Frage haben wir jetzt eine weitere, nicht zu unterschätzende Kostengestaltung in der Anschaffung. Ob sich eine entsprechende Investition tatsächlich lohnt, muss jeder Betreiber für sich entscheiden.

Das Optimale für die Kleinen ist aber ein Spaßbad, ein Spraypark oder Ähnliches. Diese Vergnügungen werden aber in der Regel von einem Campingplatz mit rund 50 Stellplätzen eher weniger geboten. Sprayparks sind vor allem im Mittelmeerraum immer weiter auf dem Vormarsch und zeigen den Urlaubern, was so alles möglich ist und zuhause im heimischen Freibad höchstens nur ansatzweise geboten wird.

Für Mami und Papi Camper ist es natürlich sehr angenehm, wenn die lieben Kleinen den ganzen Tag im Spaßbad unterwegs sind. Vielleicht noch eine kleine Lunchbox vorbereiten und schon ist Ruhe auf der Parzelle, sodass die neuen, teuren Kaltschaummatratzen zu zweit einem gesteigertem Belastungstest unterzogen werden können. Da wohl mehrere Mamis und Papis die Kids zum Baden schicken, finden die Sprösslinge auch schnell Anschluss bei Gleichaltrigen.

Zur Badegelegenheit gehört natürlich auch noch Einiges dazu. Eine Liegewiese, ein Kiosk, vielleicht ein kleines Restaurant und ein kleiner Spielplatz wären nicht schlecht. D.h. Mami lässt sich von Papi den Rücken mit Sonnencreme einreiben. Da die Creme wie Mayonnaise aussieht, werden von der Kleinsten auch noch die Pommes in selbiger eingetunkt (daher der typische Geruch in Freibäder mit einer Mischung aus Chlor,

Pommes und Sonnencreme), während der etwas ältere Bruder seine Eiskugel im Sandkasten verliert. Erholung pur!

In keinem Restaurant sitzt es sich angenehmer, als in einem Freibadrestaurant. Die kulinarischen Spezialitäten bestehen aus Pommes, Pommes rot-weiß und Pommes mit Currywurst. Das Hauptgetränk ist Bier und Saft – je nach Alter der Konsumenten. Platzgenommen wird dann auf billigen Plastikstühlen, auf denen noch das Wasser aus der Badehose des Gastes steht, der kurz zuvor sich seinen kulinarischen Träumen hingegeben hatte. Übrigens ist die Bekleidung angepasst. Es wird keine Abendgarderobe erwartet und selbst eine Reservierung ist nicht nötig. Allerdings sollte man sich mit den lokalen Gepflogenheiten vertraut machen und von proletenhaften Ausfällen auch hier absehen. Da es meist erst Mittag bis Nachmittag ist, wäre eine verfrühte Alkoholvergiftung nicht sehr beeindruckend auf das gebärfähige Geschlecht.

Nicht zuletzt für den Genießer der schönen, gestählten und meist noch nicht zu alten und verbrauchten Körper ist das obligatorische Beach-Volleyball-Feld ein wahrer Anziehungspunkt. Während der Schweiß auf der Haut herunter läuft und die Muskeln angespannt sind, springt dieser braungebrannte Körper gleich bäuchlings in den Sand. Das sieht dann für das ungeübte Auge aus, als wenn der kleine Timmi sein Förmchen im Sandkasten verbuddeln will.

In jedem Badebereich gehört auch das Becken für die Allerkleinsten. Hier hat das Wasser in der Regel Körpertemperatur. Das liegt aber nur in den seltensten Fällen an der Wassererwärmung durch den Betreiber oder die Sonne. Auch kann man, wenn man genau hinsieht, eine leichte, gelbliche Färbung im Wasser erkennen. Leider wird es nicht der Apfelsaft sein, den die kleine Mandy aus der Verpackung langsam in das Becken schüttet, bevor die Mama es registriert. Überhaupt ist dieser Bereich immer etwas abgetrennt vom restlichen Schwimmbereich. Hier kreisen die Gesprächsthemen nicht über die neuste Weltpolitik, wie z.B. im Restaurant in der geselligen Runde der bierlaunigen Papis, sondern eher um den glutenfreien, doppelt pürierten und linksrum gedrehten Babybrei. Natürlich ist auch ein überdimensionaler Sonnenschirm im Mutter-Kind-Bereich aufgespannt. Dieses schweineteure Ding wird beim ersten Regentropfen und dem leichtesten Windhauch sofort vom Betreiber in atemberaubender Geschwindigkeit zusammengepackt. Da kann die Schlange an der Kasse noch so lang sein, der Schirm war teuer!

Für die Halbstarken genügen heutzutage einfache Schwimmbecken nicht mehr. Es darf schon etwas Besonderes sein. Ein Sprungturm? – Klar, muss! Eine Wasserrutsche? – Nur die größte und halsbrecherischste Version geht gerade so. Ein aufblasbarer Fun-Park im Meer vorm Strand? - Hallo? Ohne geht gar nicht! Wie sieht es dann tatsächlich aus? Die Jungs versuchen mit ungelenken und desaströsen (nimmt man hier mal einen olympischen Turmsprungwettbewerb als Vorbild) Darbietungen die schmachtenden Mädchen zu beeindrucken. Das Wasser spritzt in alle Richtungen, jedoch meist in die Richtung Unbeteiligter. Prof. Dr. Dr. Grzimek hätte seine wahre Freude am Pre-Paarungsverhalten der Spezies Mensch gehabt.

Kapitel 3 – Die Technik

Der Wohnwagen, das Wohnmobil - Außen

Um das Gefährt überhaupt auf den Straßen bewegen zu dürfen, bedarf es einer gesetzlich vorgeschriebenen Hauptuntersuchung. Hierauf brauchen wir in diesem Buch auch nicht näher eingehen. Interessanter werden dann die Möglichkeiten, die man zur Optimierung des Fahrzeugs hat. Die Ausstattungsvarianten, die vom Handel angeboten werden sind fast unvorstellbar. Ob es nun eine Warmwasserheizung, eine eigene Solarversorgung oder auch nur ein Mover ist. Von nicht mit dem Camping vertrauten Personen wird das nur schwerlich nachvollziehbar.

Außen ist meistens bei einem Durchschnitts-Caravan/Wohnmobil die technische Ausstattung schnell zu erkennen, da so ziemlich alles in weiß fährt. Um tatsächlich alle möglichen Anbauteile genau zu beschreiben ist hier nicht der richtige Rahmen. Es empfiehlt sich das Lesen eines Zubehörkatalogs eines entsprechenden Händlers.

Große Besonderheiten gibt es trotzdem. Eher ungewöhnlich für einen Straßen-PKW ist das Mitführen einer Klimaanlage auf dem Dach. Natürlich hat jeder noch so kleine Straßenflitzer heutzutage eine Klimaanlage an Bord, doch für den Wohnraum bedarf es schon eines größeren Kalibers.

Aus diesem Grund sind auch hier, ähnlich wie auch in südlichen Ländern an Häusern zu sehen, die Klimaanlagen außen montiert. Hierbei bietet sich das Dach an. Für einen gegebenenfalls gewünschten, schnellen Rückbau empfiehlt sich daher auch eine niedrige Brücke. Allerdings muss mit Kollateralschäden gerechnet werden.

Ein ganz besonderes Wunderwerk der Technik ist die SAT-Anlage. In der ganz noblen Ausführung ist nur eine runde Kuppel auf dem Dach zu sehen, während in der normalen Ausführung eine SAT-Schlüssel auf dem Dach per Knopfdruck ausfährt und automatisch einstellt. Es soll aber auch tatsächlich vorkommen, dass diese sündhaft, selbstausrichtenden SAT-Schlüsseln bei der Heimfahrt vergessen werden einzufahren. Im ungünstigsten Fall äußert sich dies erst durch eine aerodynamisch verformte SAT-Anlage auf dem Dach und in der Folge meist als Radiomeldung im Verkehrsfunk. („Vorsicht vor Gegenständen auf der A 44…")

Camper, die sich gegen ein Vorzelt entschieden haben, sind zumeist mit einer Markise ausgestattet. Besonders verbreitet sieht man das bei Wohnmobilen. Eine Markise erspart zwar den lästigen Aufbau eines Vorzelts, hat aber dafür den Nachteil, dass einige Kilogramm für die Fahrstabilität schlecht platziert seitlich, oben montiert sind. Nicht wenige Camper haben bereits die Erfahrung gemacht, dass eine Tagestour erst nach aufmerksamem Studium des Wetterberichts angegangen werden soll. Man sollte nicht nur die entsprechende Bekleidung richtig aussuchen, sondern auch die Markise bei Wind rechtzeitig einfahren oder mit Sturmbändern sichern. Wird dies versäumt, so baumelt die Markise anschließend durchaus mal an der Außenwand oder liegt bereits auf dem Dach.

Ein Camper ist recht gerne autark. Hierfür gibt es auf dem Zubehörmarkt einige Anschaffungen. Ein Brunnenbohrset für Camper ist zwar noch nicht bekannt, aber für die Stromversorgung gibt es schon interessante Möglichkeiten. Solarpaneele sind zwischenzeitlich auch schon für den Campingmarkt erschwinglich geworden. Bei den besseren Modellen braucht man auch keine Bedienungsanleitung in chinesischen Buchstaben entziffern, sondern bekommt diese entweder vom Fachmann auf das Dach verklebt oder stellt sich die Paneele selber auf. Ein Kabel reicht dann schon für die im Inneren verbaute Technik mit Batterie.

Das Wohnmobil ist überwiegend mit Motor ausgestattet (dies könnte aber z.B. in Osteuropa nur auf der Hinfahrt sein). Diesen Vorteil hat ein Caravan nicht. So kann es sein, dass die gewünschte Platzierung nur durch den Verlust der Biervorräte an die freundlichen Helfer erreicht wird oder aber man hat einen Mover. War dies vor wenigen Jahren eher noch exotisch, so sieht man immer mehr, dass der kleinste Wohnwagen selbst von potentiellen Bodybildern bequem per Fernsteuerung manövriert wird. Hierbei fahren per Hand oder auch per Motor dicke Antriebsstangen an die Reifen des Caravans. Durch den Antrieb eines Elektromotors werden so die Räder bewegt. Es fährt sich zwar wie ein Panzer, aber es funktioniert.

Um einen Caravan ohne Zugfahrzeug zu manövrieren, benötigt man zusätzlich ein Bugrad. Dieses Bugrad sorgt bei unfachmännischem Gebrauch für eine Menge Gelächter auf dem Campingplatz (Natürlich nur hinter vorgehaltener Hand). Es ist durchaus positiv zu merken, wenn der Neuankömmling vor dem Abkuppeln daran gedacht hat das Bugrad herunter zu drehen. Hierbei muss er jedoch aufpassen, dass er nicht zu weit dreht, da ansonsten das ganze Rad aus der Halterung rutscht und mit einem „Plopp" auf dem Boden liegt. Genauso sollte er das Bugrad wirklich fest justieren, um nicht während des Rangierens immer weiter mit der Deichsel in die Knie zu gehen. Viel häufiger wird jedoch bei der Abfahrt der Fehler gemacht, dass das sauber herunter gelassene Bugrad nicht wieder herauf gedreht wird. Ein solch kleines Hartgummirad ist nicht für die Bordsteinkante an der Ausfahrt des Campingplatzes und schon überhaupt nicht für 100 km/h auf der Autobahn ausgelegt. Immer wieder sieht man beim Gang über den Campingplatz, dass das ein oder andere Bugrad verbogen ist…

Während die Wohnmobilfahrer gerne bei solchen Problemchen auf die Caravan-Fahrer herabsehen, ist es andersherum immer recht amüsant zu sehen, wie das weibliche Exemplar das männliche der Gattung Wohnmobilist auf die Rampen dirigiert. Ein Wohnmobil hat die Eigenschaft, dass es nicht waagerecht auf der Straße unterwegs ist, sondern leicht nach vorne geneigt fährt. Um dies auszugleichen fährt der geübte Wohnmobilfahrer auf zwei kleine Rampen, die er immer mitführt und im Fall einer Übernachtung vor seine Vorderräder legt. Da nicht jeder Platz gleich eben ist und er die Rampen vom Lenkrad aus nicht sehen kann, bedarf es einer fachlich gekonnten Einweisung – meist durch das Weibchen. In der Praxis hört man somit ein lautes Aufheulen des Motors, wildes Geschrei der Einweiserin, wieder lautes aufheulen des Motors und man kämpft sich Zentimeter für Zentimeter auf die richtige Höhe. Wenn dann endlich die perfekte Lage gefunden ist, zieht der Fahrer die Handbremse an und geht von der Fußbremse. Erfahrungsgemäß rollt in diesem Moment das Fahrzeug wieder einige, aber wichtige, Zentimeter wieder von den Auffahrkeilen herunter und das Spiel beginnt von vorne.

In der Art wie den Wohnmobilisten die Auffahrrampen nerven, sind dem Caravan-Besitzer die Stützen ein nerviges Übel. An allen vier Ecken müssen diese Stützen heruntergekurbelt werden (der erfahrene Camper benutzt hierfür einen Akkuschrauber). Das erste Problem ist dann der Untergrund. Hat man keine „Elefantenfüße" – werden auch Schwerlaststützen genannt – so sollte man sich einen flachen Stein oder zumindest ein Brett unter die Stützen legen. Ansonsten kann es beim ersten Regenschauer passieren, dass der Boden absackt und die Stütze sich in den Boden bohrt. Die Stützen müssen in allen Richtungen waagerecht ausgerichtet werden, da ansonsten das Wasser in der Spüle nicht abläuft oder die Nacht nur auf einer Seite des Bettes verbracht wird. Einen Caravan-Neuling erkennt man daran, dass er ohne die Stützen heruntergekurbelt zu haben, in den hinteren Teil des Wohnwagens geht und somit den Schwerpunkt verschiebt. Meist verbunden mit einem spitzen Schrei hebt sich die Deichsel in Richtung Himmel, während das Heck auf dem Boden aufsetzt. Nun ist man zumindest in der Nachbarschaft schonmal bekannt... Zu größeren Schäden kann es kommen, wenn man vor der Abfahrt die Stützen nicht bis zum Anschlag wieder hochkurbelt.

Sowohl bei Caravans, als auch bei Wohnmobilen werden gerne auch Fahrräder außen mitgeführt. Zwar gibt es bei Caravan auch manchmal die Lösung die Fahrräder auf der Deichsel zu transportieren (Vorsicht Stützlast) und bei Wohnmobilen in der Garage unter dem Bett, aber gerne wird auch der Fahrradträger hinten am Fahrzeug befestigt. Vom Fahrersitz aus kann man nun die Länge des Gespanns/Wohnmobils nicht mehr einschätzen. Gerade beim Rückwärtsfahren oder in scharfen Kurven hört man dann erst ein kratzendes Geräusch, welches kurz darauf von einem lauten Fluchen abgelöst wird. Da die Freizeitmobile in Leichtbauweise hergestellt werden, sieht man die Abdrücke der Fahrräder dann oft noch lange Zeit später anhand von Rissen und Löchern in der Heckpartie.

Richtig und falsch

Jedermann grillt gerne auf dem Campingplatz. Es ist aber eher unangebracht, wenn man seine schwarz gegrillten Würste als Delikatesse aus Afrika dem Nachbarn anpreist.

Um den Wohnraum nahezu zu verdoppeln wird von vielen Campern ein Vorzelt verwendet. Da der Aufbau mitunter recht zeitraubend sein kann, werden Wohnmobil-Fahrer eher darauf verzichten und eine Markise angebaut haben. Eine Markise ist in wenigen Minuten ausgekurbelt und – wichtig – auch mit Stangen, Sturmbändern oder mit Schnüren abgespannt und gesichert. Ein Vorzelt wird dagegen in die sogenannte Kederleiste am Fahrzeug direkt eingefädelt. Die Kederleiste geht einmal von vorne unten entlang am Dach bis hinten unten. Verwirrend aber wenn man den Caravan von der Seite sieht, dann ist es praktisch einmal ringsherum. Als nächstes gibt es zwei Möglichkeiten: Das Luftzelt wird nun einfach nur aufgepumpt. Sollte ein Kompressor verwendet werden, so bitte nicht in der Mittagszeit und wer von Hand pumpt, der wird sich das tägliche Work-Out-Training danach sparen können. Die zweite Möglichkeit ist ein Zelt mit festem Gestänge. Hier kann die Aufbauzeit auch mal mehr als zwei Stunden dauern. Ein festes Gestänge macht besonders bei längerem Aufenthalt oder bei Saison-/Dauercampern Sinn. Es ist deutlich stabiler und bietet auch mehr Platz im Inneren gerade für große Leute. Beide Varianten müssen aber im

Boden verankert und gegen Wind und Wetter abgespannt werden.

Das Vorzelt bietet aber mehr Schutz gegenüber den Elementen. Während unter der Markise bei etwas Wind bereits die Schaumkronen vom Bier gepustet werden, merkt dies der Vorzeltbesitzer erst gar nicht. In einem Vorzelt kann man dann auch die kräftigsten Regenschauer abwarten, am Tisch geschützt sein Bierchen trinken oder seine schmutzigen Schuhe abstellen. In den Abendstunden, wenn es etwas kühler in der Übergangszeit wird, hat der clevere Camper auch gerne eine Außenheizung im Zelt stehen. Auch wenn in der Regel ein Esstisch und Stühle im Vorzelt stehen, sollte man auf keinen Fall im Vorzelt den Kohlegrill aufstellen. Dies kann abgesehen von einer schlechten Sicht auch gravierende gesundheitliche Nachteile mit sich bringen und schließlich den Campingurlaub abrupt beenden.

Inzwischen bieten bereits einige Hersteller einen Außengasgrill an, der an die zentrale Gasversorgung des Freizeitmobils angeschlossen ist. Gas ist im Übrigen eine Wissenschaft für sich. War man früher mit einer Gasflasche zufrieden, so braucht man heute zwei Flaschen, da, wenn die erste Flasche dann doch mal leer ist, nicht den Pächter nachts aus dem Bett klingeln muss, damit die Heizung weiter heizen und der Kühlschrank weiter kühlen kann. Es gibt inzwischen Waagen, natürlich per App ablesbar, Ultraschall oder auch Magnettechniken, um den aktuellen Füllstand der Gasflasche zu ermitteln. Letztendlich ist es aber sicher, dass das Gas immer nachts zur Neige geht, wenn es regnet, schneit oder stürmt.

Um nochmals auf die Ankunft des Caravan-Fahrers einzugehen, bietet es sich an, auf die Unterlassung der Nutzung der angebauten Technik hinzuweisen. Steht der Caravan-Fahrer an seiner Parzelle, so wird der Anhänger abgekuppelt. Bitte unbedingt darauf achten, dass das Stützrad heruntergekurbelt ist (siehe oben), die Handbremse angezogen, die Stromstecker-Verbindung mit dem Zugfahrzeug gekappt und das Sicherungsseil entfernt ist. Es sind vier wichtige Punkte, die man unbedingt befolgen sollte, um nicht gleich zum Gespött der Campingnachbarschaft zu werden. Stützrad wurde bereits beschrieben. Die nicht angezogene Handbremse hat den Nachteil, dass sich der Caravan durchaus auch seinen eigenen Bestimmungsweg sucht. Bei leicht abschüssigem Gelände wird der Caravan entweder mit dem Zugfahrzeug eng kuscheln oder sich die weite Welt am Ende des Weges auf eigene Faust ansehen wollen. Beides wird durchaus zu beträchtlichen Schäden führen. Wird vergessen die Stromverbindung zu lösen, wird sich die Verbindung ruckartig von alleine lösen, sobald der Ankömmling sein Auto zur Seite fahren will. Jedoch nicht zwingend an der vorgesehenen Stelle. Bitte nur von Fachpersonal reparieren lassen. Das Sicherungsseil, welches eigentlich verhindern soll, dass ein Wohnwagen, der nicht ordentlich mit dem Fahrzeug angekuppelt ist, alleine weiterfährt, immer noch am Zugfahrzeug befestigt ist, wird die Handbremse auslösen. Der Fahrer wird beim losfahren sofort merken, dass etwas nicht stimmt. Ein Blick in den Rückspiegel wird zeigen, ob die Handbremse den Schwung auffangen kann oder das Auto doch den Wohnwagen bremsen muss. So wandelt sich eine Limousine in einen Kompaktwagen um und das Kofferraumvolumen wird reduziert.

Innenausstattung

Nachdem bereits außen ein Haufen Geld für Aufrüstungen und Ausstattungen ausgegeben werden kann, so wird es im Inneren nicht günstiger. Obwohl der überwiegende Anteil der Camper im Urlaub eher weniger kocht (grillen ist nicht kochen!), ist aber überall eine voll funktionierende Küche eingebaut, um den Salat zuzubereiten. In Ausnahmefällen wird aber auf dem Gasherd (den kennt man ja von daheim nicht) dann doch mal eine Dose Ravioli im Topf erhitzt. Das sind die Momente in denen sich die Hausfrau im Vertrauen an den Obercamper wendet mit den Worten: „Das mit dem Gas kann ich nicht. Mach du an." Wenn auch nach wiederholtem Drücken der Piezozündung immer noch keine Flamme erscheint, bleibt nichts anderes als den neuen Camper-Freund von gegenüber zu fragen. Da dieser extrem blitzgescheit ist, wird er als erstes fragen, ob man das Gas auch aufgedreht hat. In diesem Moment weiß der Fachmann, dass es nichts bringt nur in der Küche das Gas aufzudrehen und den Absperrhahn zu öffnen, sondern auch im Gaskasten direkt an der Gasflasche sollte das Ventil geöffnet werden – Und wieder ein Bier aus dem Vorrat weniger... Wer jedoch keinen Camping-Freund hat oder sich schämt zu fragen, der wird weiterhin kalte Ravioli essen (es soll tatsächlich Leute geben, die sich das freiwillig antun) oder warten, bis der Salat für die Würstchen fertig ist.

Richtig und falsch

Richtig ist, dass alkoholisierte Gesellschaften durchaus lauter werden können. Falsch ist aber, dass man diese Freude auch mit den Campingnachbarn noch ungefragt nachts um 4 Uhr teilen muss.

Genauso hat auch der Kühlschrank seine Tücken. Zum einen ist er nicht ganz so geräumig wie von zuhause gewohnt und zum anderen funktioniert das Teil ebenfalls meistens mit Gas. Ob die Flamme im Kühlschrank (ja, das ist kein Druckfehler) wirklich brennt, kann man durch ein kleines verglastes Loch sehen. Natürlich ist das umständlich angebracht und durch das ständige Drücken des blöden Startknopfes verhagelt es einem gleich die Laune. Auch hier wieder der Tipp wie oben: Entweder Nachbar fragen oder gleich im Gaskasten das Gas aufdrehen.

Wie bereits erwähnt ist der Kühlschrank deutlich kleiner als zuhause. Um sich mit dieser Gegebenheit zu arrangieren, muss man Prioritäten setzen. Es empfiehlt sich grundsätzlich den zur Verfügung stehenden Raum gerecht aufzuteilen. Alle verderblichen Lebensmittel sollten einen passenden Platz im Kühlschrank finden und das wichtigste Lebensmittel überhaupt, das Bier, kann auch in einer ordentlichen Kühltruhe im Vorzelt deponiert werden. Im Übrigen sind dann auch die Wege für den Nachschub kürzer. Das deponieren von veganen Würstchen ist jedoch auf dem Campingplatz unter Strafe strengstens verboten. Ein geübter Camper wird diese Art der Bestrafung elegant umschiffen, indem er bereits bei der Einfahrt auf den Campingplatz nach der Biomülltonne Ausschau hält. Merke: Maiskolben, Paprika, Pilze und anderes Grünzeug hat nichts, aber auch gar nichts auf einem Campergrill verloren! Aus organisatorischen und nachbarschaftsfreundlichen Gründen darf auf einen Campergrill nur Würstchen und Steak gegrillt werden.

In den etwas teureren Freizeitmobilen sind inzwischen auch schon Backöfen (für die Weihnachtsbäckerei?) und Mikrowellen installiert. Interessanterweise sind aber gerade die Besitzer von hochpreisigen Freizeitmobilen eher weniger beim Kochen, als auf dem Weg zum Nobelitaliener im Nachbarort zu finden. Wer sich die Mühe macht sein eigenes Brot im Wohnwagen/Wohnmobil zu backen, der hat den Sinn der Erholung auf dem Campingplatz nicht begriffen. Einmal kurz die gewünschte Ware in die Brötchenliste eintragen und schon ist das Brötchen für den Folgetag bestellt.

Ein weitverbreitetes Gerücht besagt, dass Männer beim Camping für den Abwasch zuständig sind. Liebe Frauen: Wenn ihr wirklich sauber gespültes Geschirr haben wollt, dann macht es selber! Es gibt ein Frauensauber (klinisch rein), und ein Männersauber (das ist sauber genug!). Will man von seinem gewohnten Standard nicht abweichen, so sollte man auch den Abwasch in qualifizierte Hände geben. Dies kann nicht der Mann sein, der auf dem Weg zum Waschhaus bereits mit den Nachbarn bespricht, wann die nächste Runde Bier gezapft wird. Ein akzeptabler Kompromiss wäre hingegen die Arbeitsaufteilung, bei der die Dame das Spülen übernimmt und hierbei darauf achtet, dass ihr Göttergatte ordentlich mit dem Handtuch auch unter dem Rand abtrocknet. Zumal auch ansonsten das Problem auftauchen wird, dass der liebende Ehemann nicht weiß, wohin der ganze Haushalt wieder eingeräumt werden muss.

Ein typisches Ausstattungsmerkmal, welches bei keinem Camper fehlen darf, ist die Kaffeemaschine. Egal ob man Selbstaufbrüher oder ein „Käpsele" ist. Eine Kaffeemaschine ist immer dabei. Sobald der Wohnwagen steht, der Strom angeschlossen und die Tür aufgeschlossen ist sieht man spätestens dann ein Augenpaar umhergucken, um die nächste Wasserstelle zu finden. Als ob die Menschheit, im Speziellen der Camper, nicht auch ohne Kaffee auskommen würde…

Neben der Küche ist auch das Bad in einem Freizeitmobil wichtig. Auch wenn in vielen Fällen die Toilette gar nicht benutzt wird, so hat sie einfach da zu sein. Auf der heimischen Toilette ist dann doch mehr Platz für allerlei Geschäfte als im mobilen Bad. Dafür kann man hier beinahe sich noch im Sitzen die Hände waschen oder die Zähne putzen. Der Platz ist halt beengt und es muss alles untergebracht werden. Neuerdings gibt es auch Badezimmer, in denen man das Waschbecken hochklappen kann, um dann die Toilette in die richtige Position zu drehen. Nicht überall ist dafür eine Dusche verbaut. Wenn man aber auch überlegt, dass der durchschnittliche, biergefüllte Camper einen BMI von 25 und mehr vorweisen kann, dann wird es schwierig für den Wasserstrahl von der Brause bis auf den Boden zu kommen, ohne dass zwischendurch das Wasser durch die humanoiden Rettungsringe und die Duschwände aufgestaut wird.

Der Platz in so einem Badezimmer ist, auch was die Aufbewahrung von Hygieneartikeln angeht, recht dünn gesät. Während die pflichtbewusste Camperin eine Auswahl an Lockenwicklern, Feuchttüchern und Kosmetikartikeln verstauen will, reicht den Herren der Schöpfung eine einfache Zahnbürste. Handtücher sind hierbei auch ein häufiger Streitpunkt. Anstatt die benutzten Handtücher in der Sonne draußen trocknen zu lassen, wird in vielen Fällen das sowieso zu enge Bad auch hierfür missbraucht. Wer nun mal schnell aufs Klo muss, dem tropft womöglich das Wasser von den Handtüchern auf den Kopf. Ist zwar im Anschluss auch eine Möglichkeit der Toilettenspülung, aber nicht wirklich zielführend. Im Gegenteil zur heimischen Toilette, bei der nach jeglicher Art von Geschäft ein kleiner Knopfdruck genügt, um die Hinterlassenschaften dem örtlichen Entwässerungsbetrieb anzuvertrauen, läuft hier alles in eine Kassette. Diese Kassette ist endlich. D.h. sie wird irgendwann auch voll sein und sollte rechtzeitig geleert werden. Eine Toilettenkassette darf nicht auf der Parzelle des unliebsamen, nachts laut schnarchenden Nachbarn ausgeleert werden, sondern es gibt auf jedem Campingplatz besonders ausgewiesene Entsorgungsstationen. In diesen Entsorgungsstationen kann man die Kassette nicht nur ausleeren, sondern auch reinigen. Sollte man sich vor dieser Arbeit drücken, wird man im Campingurlaub des Folgejahrs genüsslich daran erinnert.

Wer im Winter oder auch bereits im Frühjahr/Herbst unterwegs ist, der wird dankbar sein, wenn er eine Heizung mitführt. Heizungen sind oftmals an der Gasversorgung des mobilen Zuhauses angeschlossen. Es gibt aber auch

Warmwasserheizungen. Diese Heizungen können dann auch über den Stromanschluss in Betrieb gehen. Bei diesen Heizungsarten wird Wasser-Frostschutz-Gemisch erwärmt und durch dünne Schläuche durch den Fußboden oder/und die Wände gepumpt. Eine fantastische Wärme ergibt sich somit. Allerdings hört man auch das leise Blubbern des Überdruckbehälters die ganze Nacht, während die profane Gasheizung eher ruhig ihre Arbeit verrichtet.

Während des Campings wird viel „gehubt". Das hat nichts mit lautem Hupen bei der Ankunft oder Abfahrt am Platz zu tun, sondern bezieht sich auf HUB-Tische, HUB-Dächer, HUB-Fenster (auch Heki – Hebekippfenster am Dach genannt) oder HUB-Betten. Um Platz zu sparen oder auch Dinge mehrfach zu nutzen werden Gegenstände „gehubt". Der gerade noch mit leeren Bierflaschen und Chips Packungen übersäte Esstisch wird mit wenigen Handgriffen heruntergelassen und zum Bett umgebaut. Morgens geht es dann wieder aufwärts für den Tisch, der durch ausgeklügelte Technik hoch- und heruntergelassen werden kann. Um mehr Tageslicht in den Wohnbereich zu kommen reichen die Außenfenster aufgrund ihrer Größe nicht aus. Wohl dem, der ausreichende Fenster im Dach hat. Diese Fenster sind durch etwas Fingerspitzengefühl und Kraft nach oben zu drücken. Das man vergessen hat das Heki zu schließen merkt man nach einem ordentlichen Regenguss auf der Heimfahrt.

Da die Wohnmobile aufgrund Ihrer Eigenschaft als selbstfahrende Fahrzeuge einen Motor und eine Fahrerkabine benötigen, ist der Platz im Innenraum noch geringer als bei Caravans mit vergleichbarer Länge. Um hier trotzdem noch

Schlafmöglichkeiten zu schaffen, haben sich die Entwickler tolle Ideen ausgedacht. Bei kleineren Wohnmobilen (z.B. VW Bulli) gibt es die Möglichkeit das das ganze Dach nach oben aufzustellen und dort zwei Schlafplätze zu generieren.

Größere Wohnmobile haben über der Fahrerkabine im Innenraum ein Bett, welches heruntergelassen werden kann und ebenfalls für 2 Personen zur Nächtigung genutzt werden kann. Ein wohliger Schlaf ist aber während der Fahrt nicht nur verboten, sondern auch technisch praktisch nicht möglich.

Neid

Leider ist Neid unter Campern verbreiteter, als man es für möglich hält. Eigentlich sollte jeder auf dem Campingplatz gleich sein, aber manche sind einfach gleicher. Da gibt es zum einen die Camper, die sich einen gepflegten Garten vor ihrer Dauercamper-Parzelle eingerichtet haben oder aber die Nomaden-Camper, die mit einem rollenden Palast unterwegs sind. Wenn man aber genau hinsieht, dann sind alle auf der Suche nach der gleichen, einfachen Erholung in der Natur. Der eine etwas mehr Natur in einem einfachen Zelt, der andere eben mit etwas mehr getrimmtem Rasen vor dem Mobilheim. Der eine fühlt im Zelt unter freiem Himmel seine Vollendung, der andere rauscht lieber mit dem 1,2 Mio. Euro Wohnpalast durch Europa. Natürlich wird der einfache Zelttourist die Nase über soviel Dekadenz rümpfen, aber andersherum wird auch der Nobelcamper den Papa mit drei Kindern von oben herab ansehen, wenn dieser gerade das Zelt aufbaut. Und das liegt nicht nur an den erhöhten Sitzen in der rollenden Burg.

Solange sich der Neid nur auf die gekühlten Getränke oder die saftigen Würstchen auf dem Grill bezieht, so ist überhaupt nichts Verwerfliches dabei. Eine einfache Abhilfe für kulinarischen Notstand lautet: Fragen! Wenn es passt, dann darf man sich vielleicht auch mal dazu gesellen und noch besser ist es, wenn man auch etwas zum Anbieten hat. Das müssen zwar nicht Mitbringsel aus dem Geldautomaten sein, sondern gerne auch Naturalien, wie Gin-Tonic oder Salzstangen.

Nicht jeder ist ein begnadeter Chef am Grill. Es gibt auch diejenigen, die froh sind, wenn das Fleisch halbwegs durch und genießbar ist. Dann darf man gerne auch mal nach ein paar Tipps fragen. Sinnigerweise sollte der Gefragte dann nicht auf das nächste Steakhouse verweisen, sondern nicht sparsam mit Verbesserungsvorschlägen für ein gelungenes Grillvergnügen sein.

Wenn jedoch die Kinder ständig bespaßt werden wollen und auch noch abends keine Ruhe geben, so ist es wohl völlig normal, wenn hier Neid auf kinderlose Camper aufkommt. Abends bis spät in die Nacht noch ungestört und ruhig eine Weißherbstschorle trinken, vielleicht noch ein gutes Buch (dieses Buch ist aufgrund lauter Lachanfälle weniger hierfür geeignet) dazu lesen und am nächsten Morgen lange ausschlafen. Dies mag wohl der Traum junger Eltern sein.

Unangebracht ist es auch, wenn man beim Nachbarn an der Parzelle steht und ständig wissen will, wo der Nachbar das ein oder andere Utensil herbekommen hat und wie teuer es war. Dafür gibt es Zubehörkataloge und für die ganz Schlauen auch das Internet. Natürlich sollte aber auch derjenige, der eine Komplettausstattung hat nicht damit protzen und angeben. Klar will der eine eher das spartanische Camping, während der andere das sogenannte Glamping vorzieht. Das sind aber zwei Einstellungen, die vom jeweils anderen toleriert werden sollten.

Es mag nicht jedem leichtfallen, komplett vorurteilsfrei an einen Besitzer eines 12 Meter langen rollenden Luxustempel heran zu treten, aber gerade auf Campingplätzen sollte das möglich sein. Anerkennung für das Erworbene ist immer besser als missgünstige Blicke.

Bei Rentnern kommt es auch durchaus mal vor, dass sämtlicher Besitz verkauft wurde und der gesamte Erlös in ein neues Wohnmobil geflossen ist. Dann wird der rollende Palast zwar etwas größer ausgefallen sein, aber andererseits ist auch sonst keine feste Behausung mehr da. Ob dann Neid immer noch angebracht ist sei mal dahingestellt. Wichtig ist, dass sich jeder mit seiner Campingentscheidung auch wohl fühlt und damit glücklich wird. Wer nicht gleich mit der High-End-Lösung anfängt, der hat immer wieder, je nach Geldbeutel, die Möglichkeit sich zu verbessern. Ein kleiner Wohnwagen kann verkauft werden, um das nächst größere Modell zu erwerben. Oder sind die Kinder nicht mehr mit von der Partie, dann werden auch andere Grundrisse interessant. So verändern sich die Bedürfnisse von Zeit zu Zeit. Ein mobiles Heim ist deutlich einfacher und schneller zu verkaufen als eine Immobilie, bei der auch der Notar und das Grundbuchamt ein Wörtchen mitsprechen wollen.

Schade ist es immer nur, wenn sich der Besitzer eines Dauerplatzes nicht regelmäßig um seine Parzelle kümmert und alles verwildern lässt. Ein Dauercamper ist eher mit einem Kleingärtner vergleichbar, der auch alles hegt und pflegt. Tut er dies nicht, dann wird alles mit der Zeit verfallen. Wer dann neidisch zu den fleißigen Nachbarn schaut, der sollte sich lieber an die eigene Nase fassen und für Ordnung sorgen.

Oft wird auch gesehen, wie Touristencamper mehr oder weniger die Parzellen der Dauercamper bewerten. Hier sei deutlich erwähnt, dass es sich nicht um einen Wettstreit handelt. Viele Dauercamper haben zuhause nur eine bescheidene Zweiraumwohnung im 17. Stock und geringe Einkünfte. Hier auf dem Campingplatz ist dann die Oase. Alles Herzblut und jeder freigeschaufelte Euro fließen in die Gestaltung der Parzelle. Ein solches Kleinod entsteht nur selten an einem Stück, sondern wird über die Jahre immer weiter optimiert und verbessert. Manchmal wird zwar auch übertrieben, aber die Geschmäcker sind verschieden.

Richtig und falsch

Es ist immer wichtig ein kühles Bier in Reichweite zu haben. Falsch aber ist, wenn dafür die Wurst und der Käse nicht mehr in den Kühlschrank passen.

Wer also Lust, Zeit und den einen oder anderen Euro übrighat, sollte sich also überlegen, wie er sein Hobby „Camping" ausleben kann. Gerne kann man sich von anderen Campern inspirieren lassen und dann sich gezielt dafür entscheiden, was einem wichtig ist. Ob Zelt, Caravan oder Wohnmobil. Jeder hat eigene Prioritäten und muss auch seine jeweiligen Einschränkungen wie Beruf, Kinder, Schwiegermutter und Ähnliches unter einen Hut bringen. Dann wird man auf dem Campingplatz glücklich und braucht auch keinen Neid auf andere haben.

Kapitel 5 – Anekdoten

Primitiv, aber glücklich (vom Autor selber erlebt)

Leider waren wir dieses Mal unvorsichtig bei der Platzierung unseres Wohnwagens. Wir hatten uns im 90° Winkel zum Weg direkt an die Nachbarparzelle gestellt. Als wir ankamen war auch die Nachbarparzelle noch frei, da die Hauptsaison bereits vorüber war. Doch es kam dann doch noch eine Familie auch dem Schwäbischen. Diese Familie stellte sich direkt neben unseren Caravan, sodass man sich bei geöffnetem Fenster, was allerdings aufgrund der Nähe nicht mehr richtig zu öffnen war, die Hand reichen konnte.

Wie wir auch, hatte diese Familie einen Hund dabei. Es war noch ein sehr junger, ungestümer Hund. Allerdings schauten wir nicht schlecht, als der Mann um sein Vorzelt und die gesamte Parzelle einen Zaun aufbaute. Keinen festen Zaun, sondern so einen sehr leichten Zaun, der auch schnell aufzubauen war. Innerhalb dieses Zauns wurde dann auch noch ein Zelt für die Fahrräder aufgebaut. Aber es wurde noch skurriler. Das „Herrchen" setzte sich nun mitten in seine Parzelle auf einen Hocker und verharrte da stundenlang.

Das Auto der Familie war rücksichtslos auf dem Weg geparkt, sodass jeder, der mit seinem Wohnmobil oder noch schlimmer mit seinem Caravan-Gespann vorbei wollte, haarscharf über die gegenüberliegende Parzelle fahren musste. Es störte die Familie nicht einmal, dass andere Camper sich bereits durchaus hörbar mokierten. Dass die Familie nichts und niemanden grüßte oder auch nicht „Hallo" erwiderten, wenn man sie mal grüßte, passte ins Bild.

Der Gipfel kam dann aber spät abends, als die Familie, die Kinder waren wohl schon Teenager, sich im Wohnwagen versammelten und einen Spieleabend veranstalteten. Da wir versuchten irgendwann zu schlafen bekamen wir nicht mehr alles mit. Leider wurden wir aufgeschreckt, als die Kinder drüben immer wieder laut herumschrien: „F*cken oder W*chsen".

Zusammenfassend bleibt nur zu sagen: Primitiv, aber glücklich!

Die erste Entsorgung der Kassettentoilette (von Tanja K. – Besitzerin eines Campingplatzes)

Da es für mich als Pächterin eines Campingplatzes immer wieder mal lustige Begegnungen gibt, möchte ich hier eine mal erzählen:

Seit ein paar Minuten hörte ich, wie ein Mann an der Entsorgungsstation lauthals fluchte. Ich entschloss mich mal dorthin zu begeben, um ihm eventuell helfen zu können. Als ich um die Ecke trat, traute ich meinen Augen nicht. Der Mann hielt seine Kassette aus der Wohnwagentoilette in beiden Händen, stand breitbeinig über dem Wohnmobilauslass und schüttelte wie wild den offenen Behälter. Man kann es sich sicherlich bildlich vorstellen, wie alles ringsherum aussah. Ich fragte den Mann, was er denn da mache und er schnaubte nur, dass diese Kassette eine Fehlfunktion hätte, da er zwar den

Auslass aufgeschraubt hätte, aber der Inhalt nur schwer herauskommen würde. Ich wusste nicht, ob ich nun lachen oder heulen sollte. Ich zeigte ihm das an der Seite angebrachte Becken, welches für den Auslass der Kassetten angebracht war und an dem auch ein entsprechender Schlauch befestigt ist, um die Kassette auszuspülen.

Nachdem der Mann dann alle möglichen Gesichtsfarben durchlebt hatte, spülte er schließlich seine Kassette an dem dafür vorgesehenen Spülbecken aus. Seine Klamotten und der gesamte Entsorgungsplatz waren mit Fäkalien übersät. Der Platz wurde von mir anschließend gesäubert, aber an seiner Stelle hätte ich mich so zumindest nicht in den Wohnwagen zurück getraut.

Abkoppeln will gelernt sein (Michael V. per Mail)

Wir erlebten in unserem letzten Urlaub eine lustige Situation, die aber hätte sehr gefährlich ausgehen können.

Der Campingplatz ist an einem Hügel gelegen und die Parzellen sind terrassenförmig gestaltet. So hatte auch der Weg ein leichtes Gefälle. Ein offensichtlicher Erst-Camper hielt mit seiner Luxuskarosse direkt vor unserer Parzelle. Er wollte wohl mit seiner Frau auf der gegenüberliegenden Parzelle aufbauen. Er stand so mit dem Gespann auf dem Weg, dass das Zugfahrzeug in Richtung bergab stand. Er war so der Typ „Jungmanager" und seine Begleitung war tatsächlich mit Stöckelschuhen unterwegs.

Er kurbelte das Stützrad herunter, löste die Stromversorgung und das Sicherungsseil. Dies ist normal der Moment, in dem ich meine Hilfe anbiete. Da dieser Neuankömmling jedoch alles im Griff zu haben schien und sich vor seiner Schnecke profilieren wollte, hielt ich mich noch zurück. Er löste die Kupplung und drehte das Stützrad weiter heraus. Dann passierte, was passieren musste. Der Wohnwagen rollte los und zwar genau auf sein Luxusauto aus Ingolstädter Produktion. Nicht schnell, aber doch unaufhörlich rammte der Caravan in Höhe des Kennzeichens in das Auto hinein. Frau Stöckelschuh kreischte, dass sich unser Hund sogar wegdrehte und Herr Jungmanager versuchte den ca. 2 Tonnen schweren Wohnwagen bergauf zurück zu schieben.

Ich war nun doch aufgesprungen und eilte den beiden zur Hilfe. Mit sicherem Griff zog ich die Handbremse an. „Oh, habe ich vergessen" meinte er kleinlaut. Kein „Danke" oder sonst etwas kam von ihm. Normal wäre die Situation jetzt so, dass man ihm hilft den Wohnwagen auf seine Parzelle zu schieben oder dass er seinen Mover in Betrieb nimmt. Nein, er kuppelte wieder seinen Caravan an und stieg wortlos und ohne seine Frau in den Wagen. Er fuhr den Weg weiter bergab und drehte weiter unten um. Dann kam wieder hochgefahren und hielt wieder auf unserer Höhe an. Wahrscheinlich wollte er versuchen rückwärts den Wohnwagen leichter auf die Parzelle zu

Richtig und falsch

Richtig ist, dass man seine Parzelle pfleglich behandeln sollte. Falsch ist aber, wenn man aber für das Rasenmähen einen Flammenwerfer benutzt.

schieben. Er drehte wieder das Stützrad herunter, löste die Stromverbindung und kuppelte ab. – Der Wohnwagen rollte und rollte und rollte. Diesmal fiel es ihm selber auf und er rannte hinterher um die Handbremse zu ziehen. Viel hätte nicht mehr gefehlt und der Wohnwagen wäre nicht mehr unter Kontrolle zu bringen gewesen.

Das Eis ist schlecht! (Markus K. – Kioskbetreiber)

Bei uns auf dem Campingplatz betreue ich neben der Rezeption auch unseren kleinen Kiosk. So geschah es in der Nebensaison, es war noch nicht so viel Betrieb, dass ein kleiner Junge zu mir in den Kiosk kam. Er wollte sich ein Eis kaufen und fing an in der Kühltruhe zu graben. Wahrscheinlich war er noch nicht schlüssig und suchte noch sein Lieblingseis. Ich bediente derzeit noch andere Kunden und behielt den kleinen Jungen aber im Augenwinkel.

Nach einiger Zeit waren alle anderen Kunden soweit fertig mit ihren Einkäufen und hatten den Kiosk wieder verlassen. Der kleine Junge hatte sich bereits ein Eis herausgeholt. Ich fragte ihn, ob er sich bereits für das Eis entschieden hätte. Daraufhin erwiderte der Junge in breitestem Schwäbisch, dass das Eis kaputt wäre. Überrascht ging ich zu ihm hin und wollte mir das Eis anschauen. Normal wird das Eis immer im ganzen Karton vom Lieferanten gebracht, aber es könnte ja auch ein Produktionsfehler vorliegen. Das Eis war aber soweit in Ordnung. Es hatten sich aber an der Außenverpackung einige Eiskristalle gebildet. Dies schien den Jungen zu stören. Ich sagte ihm, dass das schon so in Ordnung ist und das Eis nicht kaputt sei. In dem Moment kam wieder ein neuer Kunde in den Kiosk und ich wandte mich von dem kleinen Nachwuchsschwaben ab, um den Kunden zu bedienen.

Ich war gerade am Kassieren, als der kleine Schwabe begann alles Eis der monierten Sorte bei mir auf den Tresen zu legen: „Die sind alle kaputt! Die musst du wegwerfen!" Ohne ein weiteres Wort verließ er den Laden wieder. Hätte ich jetzt nicht die Arbeit gehabt das ganze Eis wieder in die Truhe zu versorgen, hätte ich wahrscheinlich laut gelacht.

Mitten im Weg (erlebt von Andrea S.)

Es war gerade Freitagnachmittag. Wie auch wir kamen nun eine ganze Reihe an Wochenendcamper, um das Wochenende auf dem schönen Campingplatz zwischen Donau und Bodensee zu genießen. Besonders auffällig war ein kleiner VW-Passat, der einen fast noch kleineren Wohnwagen hinter sich herzog. Er hielt gleich am Anfang des Weges, um eine der ersten Parzellen zu nehmen. Er kuppelte noch auf dem Weg stehend ab und bugsierte seinen kleinen Wohnwagen mit einem Mover (!) auf seine Parzelle. Das Auto ließ er aber immer noch mitten auf dem Weg stehen. Dann begann er den Wohnwagen mit einer Wasserwage, die fast länger war als der ganze Wohnwagen, auszurichten. Das Auto stand immer noch mitten auf dem Weg und ein Wohnmobil wartete bereits geduldig dahinter. Der Mann störte sich aber nicht daran und fing nun an sein Vorzelt heraus zu räumen und breitete es vor seinem Wohnwagen aus.

„Könnten Sie mal bitte den Weg freimachen?" rief der Wohnmobilfahrer.

Der Angesprochene reagierte aber nicht wirklich. Er richtete sich auf, schaute zum Wohnmobilfahrer, dann auf sein Auto, wieder zum Wohnmobilfahrer und werkelte weiter an seinem Vorzelt.

Inzwischen war ein weiterer Camper mit seinem Caravan hinter dem Wohnmobil. Der Wohnmobilfahrer hatte wohl die Faxen dicke und rangierte mühsam um den VW-Passat herum und fuhr sich dabei fast eine Schramme in sein Fahrzeug, da auf der gegenüberliegenden Seite eine Gehwegleuchte stand.

Nun war der Caravanfahrer an der Reihe. Aufgrund der Ausmaße seines Gespanns war es unmöglich vorbei zu kommen. Der dickfällige VW-Passatfahrer hatte aber inzwischen sein Vorzelt in der Kederleiste eingefädelt und pumpte mit einem enormen Getöse sein Luftvorzelt mit einem Kompressor auf. Der Caravanfahrer stieg aus und ging zu dem Mann hin und wollte ihn wohl auch überzeugen, sein Auto mal kurz zur Seite zu fahren. Ich konnte das aber nicht hören, da der Kompressor zu laut war. Jedenfalls ging der Caravanfahrer wieder zu seinem Gespann.

Nun stand das Vorzelt, aber der Besitzer schien nicht daran zu denken sein Fahrzeug zur Seite zu stellen. Er ging in seinen Wohnwagen und war für mehrere Minuten verschwunden. Dann kam er wieder heraus und hatte nun nur noch eine Unterhose und ein gestreiftes Oberhemd an. Er machte den

Kofferraum von seinem VW-Passat auf und holte zwei Campingstühle heraus.

Wer nun glaubte, dass nun der Moment gekommen war, in dem er das Auto zur Seite fahren würde, hatte sich getäuscht. Er setzte sich auf einen der Campingstühle. Daraufhin wurde der Caravanfahrer richtig wütend und stieg wieder aus. Diesmal war sehr laut und deutlich zu verstehen, was er dem Mann mitteilte. Es war nicht mehr freundlich – aber bestimmt. Endlich stand der Mann auf, zuckte mit den Achseln, meinte andere wären auch vorbeigekommen und fuhr widerwillig sein Auto zur Seite.

Der Apfeldieb (Ehepaar P. aus Leibertingen)

Wir sind Saisoncamper und haben eine schöne Parzelle auf unserem Campingplatz. Unser Platz ist nur sehr wenig sortiert, d.h. die Touristen sind mit den Saisoncampern gemischt und nicht abgegrenzt. Am Rande unserer Parzelle steht ein kleiner Apfelbaum, der im Frühjahr wunderschön blüht und im Herbst dann auch leckere Äpfel hat. Wir pflegen den Baum so gut es geht.

Im Herbst, es war kurz vor der Ernte, stellte sich auf die freie Parzelle neben uns eine Familie mit ihrem Wohnwagen. Wir grüßten natürlich wie immer jeden Neuankömmling recht freundlich, aber es kam keine große Resonanz. Gut, dachten wir uns, nicht jeder Mensch will Kontakt.

Der Junge von den neuen Nachbarn sah den Apfelbaum und pflückte sich einen Apfel. Ok, das ist jetzt nicht schlimm, da der Baum sowieso fast auf der Grenze steht und noch genug Äpfel trägt.

Was er dann aber machte, damit waren wir nicht einverstanden. Er biss einmal in den Apfel und schmiss ihn dann in die Hecke. Das erzürnte meinen Mann, da gerade er sehr viel Liebe und Zeit in die Pflege des Baums steckte. Er rief dem Jungen zu, dass er, wenn er sich einen Apfel nimmt, auch diesen ganz aufessen soll. Der Junge drehte sich kurz zu meinem Mann um und ging dann wieder zurück in seinen Wohnwagen.

Eine Woche später hatte sich immer noch nichts weiter ergeben. Die Nachbarn ignorierten uns und wir die dann eben auch. Als sie dann begannen abzubauen, mussten wir nur kurz in die nächste Stadt zum Einkaufen, da wir vorhatten noch eine weitere Woche in unserem Wohnwagen zu bleiben.

Als wir aus der Stadt zurück kamen waren die Nachbarn schon abgereist. Zu unserem Schrecken war der Apfelbaum bis auf den letzten Apfel abgeerntet. Das mögen bestimmt 4-5 Kg Äpfel gewesen sein. Wir ärgerten uns gewaltig. Das bekam auch ein anderer Tourist mit und kam zu uns herüber. Er sagte uns, dass die abgereiste Familie kurz vor der Abfahrt alle Äpfel gepflückt hatten und die besten mitgenommen hatten. Den Rest könnten wir in der Hecke finden.

Zum Glück gibt es nur selten solche dreisten Zeitgenossen auf unserem Campingplatz.

Der Steinedieb (Eugen R. – Dauercamper)

Auf unserem Campingplatz haben die meisten Parzellen Rasen als Untergrund. Da es bei Regen recht matschig werden kann, haben wir auf unserem Platz immer ein paar flache Steine liegen, damit man darauf auch etwas abstellen kann, was nicht gleich im Boden versinken soll.
Wir kamen am späten Nachmittag wieder auf unseren Dauerstellplatz und sahen, dass jemand die Steine von unserer Parzelle, immerhin haben wir einen Zaun herum und ein Gartentürchen davor, entwendet hatte.

Als wir uns umsahen, fanden wir auch unsere Steine wieder. Der Nachbar zwei Parzellen weiter, hier begannen die Touristenparzellen, hatte sich die Steine unter seinen

Wohnwagen gelegt. Ich ging zu ihm herüber und fragte, ob das unsere Steine wären.

„Da stand kein Name drauf!" War die pampige Antwort.

„Klar stand auf den Steinen kein Name drauf, aber sie lagen auf unserer Parzelle innerhalb unseres Zauns." Antwortete ich ihm. „Wenn Sie wieder abreisen, dann möchte ich, dass Sie die Steine wieder zurücklegen."

„Ja machen wir. Kein Problem!"

Wir fuhren am Abend wieder in unsere Wohnung und konnten aus beruflichen Gründen die nächsten Tage nicht zu unserem Platz fahren. Als wir dann doch wieder zurück waren, lagen die Steine bei uns in der Parzelle schön ordentlich aufgestapelt. Hat ja doch noch geklappt dachten wir uns.

Als ich zu unserem Pächter auf einen kleine Schnack ging, sagte er mir gleich ins Gesicht, dass ich auf meine Steine besser aufpassen sollte. Er hätte sie bei mir wieder in die Parzelle gelegt, nachdem er sich auf einer anderen Parzelle in der Ecke gefunden hätte.

Eine gelbliche Frechheit (Volker A. erzählt während einer Grillrunde)

Wir waren im Urlaub an der deutsch-französischen Grenze. Auf dem Platz, den wir uns ausgesucht hatten kamen auch viele Franzosen über die Grenze und hatten ihre Wohnwagen aufgebaut. Sie waren mehr oder weniger in kleinen Grüppchen versammelt und waren bis lange in die Nacht recht laut bei Wein und Bier gesellig.

Bei uns war der Abend aber schon gegen 23:00 Uhr beendet und wir machten das Licht aus, um zu schlafen. Meine Frau hatte wohl schon die erste Runde Schlaf hinter sich, als sie mich weckte.

„Hier rauscht irgendetwas.“

Auch ich hörte nun das Geräusch. Es wurde aber jetzt weniger und hörte schon auf. Nun war ein deutlicher Stoß an unserem Wohnwagen zu spüren und zu hören. Wie von der Tarantel gestochen sprang ich auf, zog meine Bermudashorts an und sprang aus dem Wohnwagen. Ich sah gerade noch, wie einer der Franzosen von unserer Parzelle herunter torkelte. Ansonsten war wegen der Dunkelheit nichts weiter bei uns zu sehen.

Am nächsten Morgen schaute ich mir dann die Stelle genauer an, bei der ich den Stoß vermutete. Es war vorne an der Deichsel gewesen. Als ich genauer hinsah, konnte ich eine gelbliche Pfütze auf den Schienen unseres Fahrradträgers sehen und auch feststellen, dass die Haltestange deutlich heruntergebogen war. Ein Schaden war es zum Glück nicht, da ich nur die Feststellschrauben neu arretieren musste, aber eine besondere Frechheit ist das schon, wenn einem nachts der Wohnwagen ramponiert und bepinkelt wird.

Die Lampe steht im Weg (erzählt von Silke H. im Urlaub)

Wir waren im Mai das erste Mal auf einem Campingplatz mit unserem neuen Wohnwagen. Alles war noch neu für uns und wir hatten auch nette Nachbarn, die uns den einen oder anderen Tipp geben konnten. Wie sich herausstellte, waren einige der Nachbarn bereits seit vielen Jahren auf diesem Campingplatz.

Wir saßen so am späten Nachmittag bei unseren neuen Freunden vor dem Wohnwagen und tranken unser erstes Bier. Plötzlich wurden wir durch ein ekliges, kreischendes Geräusch, welches von Metall auf Metall stammte, aufgeschreckt. Die anderen in unserer Runde blieben aber recht ruhig.

„Schon wieder", meinte einer unserer neuen Bekannten.

So ging es die ganze Woche. Immer wieder war dieses eklige kreischende Geräusch zu hören. Nun wollten wir endlich mal wissen, woher dieses Geräusch kam. Wir fragten einen unserer Freunde und der meinte nur, dass eine Gasse weiter ein recht betagter Dauercamper regelmäßig mit seinem Auto beim Ein- und Ausparken an der Lampe am Weg hängen bleibt. Die Lampe würde auch regelmäßig von ihm ersetzt werden. Nur am Auto sind die Spuren deutlich zu erkennen. Da muss man doch schon sehr froh sein, dass bisher noch kein Kind umgefahren wurde...

Die Campingkatze (vom Autor selbst erlebt)

Wir waren mit unserer Tochter mit unserem Wohnwagen im Großraum Dresden auf einem kleinen und gemütlichen Campingplatz. Da wir noch nicht sehr viel Erfahrung im Camping haben, ließen wir unseren kleinen Hund bei meinen Eltern in Pflege. Es war das erste Mal seit langem, dass wir somit ohne Haustier unterwegs waren. Das sollte aber nicht so bleiben.

Es war schon etwas kühl draußen, sodass wir unsere Heizung im Vorzelt anmachten, um noch länger abends dort zu sitzen und etwas Karten spielten.

Auf einmal schlich eine Katze ganz unverblümt in unser Vorzelt und sprang auf den Schoß meiner Frau, rollte sich ein und hatte vor dort eine Siesta abzuhalten. Dummerweise ist meine Frau hoch allergisch gegen Katzenhaare. Aber eine sooo süße Katze kann man doch nicht ungestreichelt bei sich auf dem Schoß sitzen lassen. Auch meine Tochter war gegen Katzenhaare allergisch und konnte sich auch nicht verkneifen die Katze zu streicheln.

Da die Katze auch recht dünn aussah, gaben wir ihr noch ein Schälchen voll Milch, was sie auch gerne annahm.
Der Katze gefiel es so gut bei uns, dass sie jeden Abend, sobald es dunkel wurde zu uns ins Vorzelt kam. Für die Nacht hatten wir ihr bereits eine Decke hingelegt, obwohl sie eigentlich zum Schlafen auch mit in den Wohnwagen kommen wollte. Das war mir aber dann doch zu viel Tierliebe.

Das Ende vom Lied war, dass meine Frau und meine Tochter jeden Morgen geschwollene Augen durch die Allergie hatten und die Katze doch wieder jeden Abend gekrault und gestreichelt wurde.

Als ich dann eines Morgens auf dem Weg in die Sanitäranlagen war, sprach mich ein anderer Camper an und wollte wissen, ob wir einfach so unsere Katze hier frei herumlaufen lassen würden und wir keine Angst hätten, dass die Katze uns weglaufen würde. Ein weiterer Camper hatte das Gespräch mitbekommen und meinte nur, dass diese Katze hier auf dem Campingplatz wohnen würde und sich immer wieder neue Gäste aussuchen würde, um von ihnen gefüttert und gekrault zu werden. Er hätte die Katze bereits bei sich herausgeworfen, da sie ihm immer wieder tote Mäuse ins Vorzelt schleppte. Da die Katze wohl immer noch ausreichend Mäuse zum Verschenken fangen würde, könnte es ihr nicht schlecht gehen.

Als wir wieder abreisten, mussten wir die Katze natürlich zurücklassen, da unser kleiner Hund nicht mit Katzen klarkommt. Zum Glück konnten sich bald darauf die roten Augen meiner Frau und Tochter wieder erholen und abschwellen.

In der Unterhose über den Campingplatz (erzählt während einer spontanen Grillgesellschaft)

In unserem letzten Campingurlaub in Kroatien haben wir eine sehr skurrile Campingbeleidung kennengelernt.

Richtig und falsch

Richtig ist, dass Hunde an der Leine zu führen sind. Falsch ist aber, dass die Leine länger als 10 Meter sein sollte.

Ein älteres Ehepaar, bestimmt über 70 Jahre alt, waren in unserer Ecke des Campingplatzes mit Ihrem Wohnmobil auf einer Parzelle. Sie hatten ein belgisches Kennzeichen und auch nicht den Drang sich mit anderen Campern zu unterhalten. Besonders aufgefallen waren sie uns bereits bei der Ankunft, als er eine gebügelte Buntfaltenhose, ein Oberhemd und ein Sakko trug, während sie eine auffallend altmodische Bluse angezogen hatte. In diesem Aufzug wurde auch der erste Abend von beiden unter der Markise des Wohnmobils in den Campingstühlen verbracht.

Am nächsten Morgen hatte sich seine Bekleidung geändert, während seine Frau immer noch das gleiche anhatte. Er war nun nur noch mit dem Oberhemd und einer Feinripp-Unterhose bekleidet. Dazu schwarze Socken und braune Sandalen.

So ging es die ersten Tage. Dazu muss man sagen, dass am Freitagabend die Ankunft war und bis Montagmorgen sich nichts dran geändert hatte. Erst am späten Montagvormittag hatte auch er wieder seine Buntfaltenhose und sein Sakko an.

Sie räumten ihre Parzelle ab und wir dachten schon, dass unser besonders gekleidetes alte Ehepaar nun abreisen würde.

Wir waren erstaunt, als sie dann doch ca. 3 Stunden später wieder da waren. Der Kleidungsstil hatte sich jedoch enorm verändert. War es bisher eher bieder und altmodisch, so schien nun eine Zeitreise vollzogen worden. In den knalligsten Farben waren die T-Shirts und eine Batman-Badehose zierte die blassen Beine von ihm.

Wir trauten uns dann doch mal die beiden anzusprechen, wie dieser modische Wandel kam. Die Antwort war ganz einfach, sie hatten einfach vergessen sich Urlaubskleidung

Richtig und falsch

Die Kommunikation mit dem Nachbarn ist nicht grundlegend falsch, jedoch solltest du deine Sitzmöbel möglichst nicht so ausrichten, dass du deinen Nachbarn ständig auf das Essen oder in das Schlafgemach schaust.

einzupacken. Die Batman-Badehose werden wir jedoch niemals mehr vergessen können genau wie die Buntfaltenhose und das Sakko.

Vogelnest (während der gleichen Grill- und Bierrunde aufgeschnappt)

Es ist klar, dass nicht jeder Campingplatz die gleichen Standards in Sachen Sauberkeit hat. Auf einem kleinen Campingplatz in Italien war ich dann doch etwas verblüfft.

Mir fiel schon beim Betreten der Sanitärgebäude auf, dass diese schon einige Jahre auf dem Buckel hatten und der Pächter nicht den größten Wert auf Sauberkeit legte. Allerdings muss ich ihm zu Gute halten, dass er wohl offensichtlich ein Tierfreund ist. Jedenfalls wurden allerhand Spinnen, Würmer, Fliegen und andere Insekten in der Dusche oder im Waschbereich belassen. Einige dieser Tierchen waren bestimmt schon seit Monaten oder Jahren tot und dürften trotzdem ihren Platz behalten.

Kritisch betrachtete ich aber die Vogelnester, die über den Toiletten hingen. Einige Toilettenkabinen wurden bestimmt seit langem nicht mehr von Gästen benutzt. Das war sehr leicht an der Klobrille zu erkennen, die völlig übersät mit Vogelkot war.

Da ich nur für das „große Geschäft" die allgemeinen Toiletten aufsuchte, hatte ich gegenüber Zeltcampern einen gewissen Vorteil. Dennoch achtete auch ich darauf, dass ich mich beim Hinsetzen erst mit einem Blick nach oben versicherten, ob nicht gerade genau über mir ein Vogel sein Nest gebaut hatte und seine Hinterlassenschaften nach unten entsorgen wollte.

Wenn der Wind weht... (Natalie M. per Mail)

Mein Mann und ich haben uns unser erstes Wohnmobil gekauft. Es ist kein großes Reisemobil, aber für uns beide reicht es aus. Unser Budget war noch nicht so großspurig, dass wir uns eine Vollausstattung hätten leisten können und so war bei uns auch keine Markise angebracht. Wir hatten uns aber im Vorhinein bei Bekannten informiert und unisono die Auskunft bekommen, dass man immer irgendeine Überdachung für draußen haben sollte. Den Rat befolgten wir und erstanden ein kleines Pavillonzelt für gerade mal 40 Euro.

Die Idee war gut, denn ausgerechnet an unserem ersten Abend fing es leicht an zu tröpfeln und wir waren froh, dass wir noch weiter draußen sitzen bleiben konnten, da es noch angenehm warm blieb.

Am nächsten Abend wurde unser Pavillonzelt aber auf eine schwere Probe gestellt. Es war Sturm angesagt. So gut es ging sicherten wir unser Zelt mit Abspannleinen und Heringen im Boden. Als aber das Unwetter dann aufzog merkten wir schnell, dass es damit nicht getan war. Verzweifelt klammerten wir uns diagonal an die Zeltstangen und mussten doch mit ansehen, wie das Zelt immer wieder angehoben wurde. Zudem bildeten sich Wassersäcke am Dach des Zeltes, die wir nur mühsam leeren konnten.

Völlig durchnässt und am Ende unserer Kräfte stellten wir unsere Rettungsversuche irgendwann ein. Der Sturm hatte etwas nachgelassen und wir hofften, dass es über Nacht ruhig bleiben würde.

Das tat es aber offensichtlich nicht. Der Sturm nahm wieder zu und es war bestimmt zwischen 2 Uhr und 3 Uhr, als es einen heftigen Schlag bei uns am Wohnmobil gab. Ich wusste sofort, dass es der Pavillon war, der sich gelöst haben musste. Jetzt war es sowieso zu spät und ich überließ den Pavillon seinem Schicksal.

Am nächsten Morgen war mein Mann, der von alle dem nachts wohl nichts mitbekommen hatte als erste wach und machte sich auf den Weg zur Toilette, die glücklicherweise nicht allzu weit von unserem Stellplatz entfernt war. Er rief mich sofort heraus und wir mussten beide sehen, dass das Pavillonzelt mit total verbogenem und teileweisem abgelöstem Gestänge sich um einen nahestehenden Baum gewickelt hatte. Diese 40 Euro konnten wir abschreiben.

Als auch unsere Nachbarn unser Pech sahen, fragten sie, warum wir nicht einfach das Pavillonzelt abgebaut hätten. Es wäre ein Zeitaufwand von höchstens 2-3 Minuten gewesen. Daran hatten wir aber einfach nicht gedacht…

Danke

Als aller erstes muss ich mich bei meiner Frau Birthe und meiner Tochter Maraike bedanken, die mir nicht nur als erstes Lektorat halfen, sondern auch für die Bilder im Buch zuständig sind. Ferner danke ich meiner Tante Mechthild, die auch das Wagnis eines zweiten Lektorates auf sich nahm.

Speziell bei den Anekdoten konnte ich auch auf die Erfahrung von anderen Campern zurückgreifen, die meiner Frau und mir in Gesprächen auf dem Campingplatz das Eine oder Andere erzählten. Außerdem darf ich unsere Saisoncamper Michaela und Reinhard, Evelyn und Norbert, Martin, Wolfgang und Kurt nicht vergessen, mit denen ich so einige nette Abende und Gespräche auf dem Campingplatz hatte. Tanja und Markus, die Eigentümer des Platzes, haben auch immer wieder neue Geschichten auf Lager, von denen ich die eine oder andere in diesem Buch – natürlich frei interpretiert – wiedergegeben habe.

Entschuldigen möchte ich mich bei Larry. Er musste wegen den Schreibarbeiten an diesem Buch auf etliche Streicheleinheiten verzichten.

Als letztes muss ich mich bei der Bundesregierung für den Corona-Lockdown bedanken, ohne den ich bestimmt nicht die Zeit für dieses Buch gefunden hätte.